O
BEM
VIVER

A capa reproduz algumas das milhares de pinturas rupestres encontradas no Parque Nacional da Serra da Capivara, no sudeste do Piauí. De acordo com as arqueólogas Anne-Marie Pessis e Niède Guidon, os desenhos pertencem à tradição "Nordeste", cujo apogeu ocorreu há dez mil anos, e que costuma representar atividades cotidianas ou cerimoniais, com posturas e gestos que podem estar ligados ao sistema simbólico da etnia, como ritos e mitos.

**Alberto
Acosta**

O
BEM
VIVER

uma oportunidade para
imaginar outros mundos

Terceira reimpressão

tradução
Tadeu Breda

coordenação editorial
Cauê Seignemartin Ameni
Manuela Beloni
Hugo Albuquerque

conselho editorial
Bianca Oliveira
João Peres
Leonardo Garzaro
Tadeu Breda

preparação
Tadeu Breda

revisão
João Peres

projeto & produção gráfica
Bianca Oliveira

produção executiva
Cauê Seignemartin Ameni
Manuela Beloni

*Imaginando o mundo
de meus netos e netas...
A tarefa não está cumprida.
Acaba de começar.
Na verdade, estará sempre
começando...*

Assim, senhor Nicetas, quando eu não era vítima das tentações deste mundo, dedicava minhas noites a imaginar outros mundos. Um pouco com a ajuda do vinho e outro tanto de mel verde. Não há nada melhor do que imaginar outros mundos para esquecer o quanto é doloroso este em que vivemos. Pelo menos eu pensava assim naquele momento. Ainda não compreendera que imaginando outros mundos, acabamos por mudar também este nosso.

Umberto Eco

Os mundos novos devem ser vividos antes de ser explicados.

Alejo Carpentier

Dentro do capitalismo não há solução para a vida; fora do capitalismo há incerteza, mas tudo é possibilidade. Nada pode ser pior que a certeza da extinção. É tempo de inventar, é tempo de ser livre, é tempo de viver bem.

Ana Esther Ceceña

O Bem Viver [é] uma oportunidade para construir outra sociedade, sustentada em uma convivência cidadã, em diversidade e harmonia com a Natureza, a partir do conhecimento dos diversos povos culturais existentes no país e no mundo.

José María Tortosa

Do tradutor 10

**Prefácio à
edição brasileira**
Célio Turino 13

**Umas poucas palavras
preliminares** 19

**1. Aprender o caminho
do inferno para dele
se afastar** 23

**2. O Bem Viver,
uma proposta global** 33

**3. O desenvolvimento:
da euforia ao desencanto** 43

**4. O Bem Viver,
uma alternativa ao
desenvolvimento** 69

**5. Riscos e ameaças
para o Bem Viver** 89

6. O Bem Viver e os Direitos da Natureza 101

7. O complexo desafio da construção de um Estado plurinacional 143

8. Outra economia para outra civilização 163

9. A Iniciativa Yasuní-ITT: a difícil construção da utopia 213

10. Um debate em movimento 231

O Bem Viver como horizonte estratégico
Gerhard Dilger 243

Bibliografia 247

Sobre o autor 260

Do Tradutor

"Bom Viver" é a tradução que mais respeita o termo utilizado pelo autor (*Buen Vivir*) e também o termo em kíchwa (*sumak kawsay*), língua da qual nasceu o conceito em sua versão equatoriana. De acordo com o *Shimiyukkamu Dicionario Kichwa-Español*, publicado pela Casa de Cultura de Ecuador em 2007, *sumak* se traduz como *hermoso, bello, bonito, precioso, primoroso, excelente; kawsay*, como *vida*. Ou seja, *buen* e *sumak* são originalmente adjetivos, assim como "bom" – seu melhor sinônimo em português, no caso. *Vivir* e *sumak*, por sua vez, são sujeitos.

Contudo, em atenção ao termo utilizado há alguns anos por movimentos sociais brasileiros, decidimos traduzir o título do livro como *O Bem Viver*, considerando "bem" como advérbio e "viver" como verbo. Como tal escolha – que é política, não linguística – traria alguns prejuízos à tradução e ao sentido da expressão equatoriana (*Buen Vivir*), desrespeitando inclusive os significados do conceito indígena em que se inspira, preferimos manter os termos em espanhol quando o autor se refere especificamente ao

Bem Viver no Equador. Fizemos o mesmo quando há citações à expressão boliviana, *Vivir Bien*. Obviamente, também preservamos as palavras em kíchwa, aymara, guarani e outros idiomas tradicionais.

No livro, portanto, o termo Bem Viver aparece quando o autor se refere de maneira geral ao conceito que se propõe a discutir nestas páginas – e que considera "uma oportunidade para imaginar outros mundos". Afinal, assim como *Buen Vivir* é usado no Equador e *Vivir Bien*, na Bolívia, Bem Viver é a expressão em uso no Brasil. Desta forma, a tradução tenta manter-se coerente com os princípios do Bem Viver ao respeitar a pluralidade de expressões utilizadas pelos diferentes povos e culturas para se referir à filosofia política ora em debate.

Tadeu Breda é jornalista e autor do livro-reportagem *O Equador é Verde: Rafael Correa e os paradigmas do desenvolvimento* (Editora Elefante, 2011).

Prefácio à edição brasileira
Célio Turino

Apresentar Alberto Acosta e seu livro sobre o Bem Viver ao público brasileiro, mais que tudo, é uma honra. Mas é também uma necessidade, um gesto de compromisso e irmandade latino-americana originados em nossa Pátria Grande, e um gesto de cidadania planetária.

Alberto Acosta é um dos principais ideólogos do início da Revolução Cidadã no Equador, tendo sido um dos responsáveis pelo plano de governo da Alianza País, partido encabeçado por Rafael Correa, cuja ascensão à Presidência da República, em 2007, deu início a uma série de transformações nesta *hermosa* nação localizada no centro do mundo. O Equador tornou-se, assim, referência para utopistas e lutadores sociais.

Acosta também foi ministro de Energia e Minas, além de ter dirigido os trabalhos da primeira Assembleia Constituinte do planeta a reconhecer direitos à Natureza, nossa *Pacha Mama*, a Mãe Terra. Durante as discussões constitucionais, porém, Acosta distanciou-se do governo, posicionando-se como um dos mais contundentes críticos dos desvios no processo que ajudara a instalar. Em 2013, lançou-se como presidente da República pela Unidad Plurinacional de las Izquierdas, coligação que uniu o partido indígena Pachakutik a movimentos populares e ambientais na defesa dos ideais expressos na nova Constituição, aprovada em 2008. Como economista e pensador, entre tantas obras, Acosta nos brinda com esta, conceituando e lançando instigações sobre o Bem Viver.

Algum leitor apressado poderia pensar tratar-se de um princípio restrito ao ambiente andino e amazônico, mas não: o Bem Viver é uma filosofia em construção, e universal, que parte da cosmologia e do modo de vida ameríndio, mas que está presente nas mais diversas culturas. Está entre nós, no Brasil, com o *teko porã* dos guaranis.[1] Também está na ética e na filosofia africana do *ubuntu* – "eu sou porque nós somos". Está no ecossocialismo, em sua busca por ressignificar o socialismo centralista e produtivista do século 20. Está no fazer solidário do povo, nos mutirões em vilas, favelas ou comunidades rurais e na *minga* ou *mika* andina. Está presente na roda de samba, na roda de capoeira, no jongo, nas cirandas e no candomblé. Está na *Carta Encíclica Laudato Si' do Santo Padre Francisco sobre o Cuidado da Casa Comum.*

Seu significado é viver em aprendizado e convivência com a natureza, fazendo-nos reconhecer que somos "parte" dela e que não podemos continuar vivendo "à parte" dos

---

1 Nota do Tradutor: *Teko porã* é a tradução literal em guarani da expressão kíchwa *sumak kawsay*. *Teko* se refere à vida e à existência em comunidade; *porã* pode ser traduzido como belo, bonito, bom. No livro, para se referir ao Bem Viver na língua guarani, Alberto Acosta emprega o termo *nhandereko*, mais comum entre os guaranis, e que também pode ser grafado como *yande reko* ou *ñandereko*. O sentido de *nhandereko* remete a "nossa forma de vida" e encerra um conjunto de valores específicos dos povos guaranis que resistem no que resta de seus territórios no Brasil, Argentina, Bolívia e Paraguai.

demais seres do planeta. A natureza não está aqui para nos servir, até porque nós, humanos, também somos natureza e, sendo natureza, quando nos desligamos dela e lhe fazemos mal, estamos fazendo mal a nós mesmos.

O Bem Viver recupera esta sabedoria ancestral, rompendo com o alienante processo de acumulação capitalista que transforma tudo e todos em coisa. Para nossos irmãos indígenas do Xingu, o mundo é povoado por muitas espécies de seres, não somente dos reinos animal e vegetal, mas também os minerais, a água, o ar e a própria Terra, que contam com espírito e inteligência próprios – ou *ajayu*, em aymara, no Altiplano boliviano. Todos esses seres são dotados de consciência, e cada espécie vê a si mesma, e às outras espécies, a partir de sua perspectiva. Com esta sabedoria somos levados a compreender que a relação entre todos os seres do planeta deve ser encarada como uma relação social, entre sujeitos, em que cultura e natureza se fundem em Cultura Viva.

O Bem Viver se afirma no equilíbrio, na harmonia e na convivência entre os seres. Na harmonia entre o indivíduo com ele mesmo, entre o indivíduo e a sociedade, e entre a sociedade e o planeta com todos os seus seres, por mais insignificantes ou repugnantes que nos possam aparentar. Somente a partir destas três harmonias é que conseguiremos estabelecer uma profunda conexão e interdependência com a natureza de que somos parte.

O Bem Viver, tal qual no conceito em construção apresentado por Alberto Acosta, refere-se, portanto, à vida em pequena escala, sustentável e equilibrada, como meio necessário para garantir uma vida digna para todos e a própria sobrevivência da espécie humana e do planeta. O fundamento são as relações de produção autônomas, renováveis e autossuficientes. O Bem Viver também se expressa na articulação política da vida, no fortalecimento de relações comunitárias e solidárias, assembleias circulares, espaços comuns de sociabilização, parques, jardins e hortas urbanas, cooperativas de produção e consumo consciente, comércio justo, trabalho colaborativo e nas mais diversas formas do viver coletivo, com diversidade e respeito ao próximo.

Conforme Acosta nos demonstra, somente podemos entender o Bem Viver em oposição ao "viver melhor" ocidental (ou à *dolce vita* de alguns), que explora o máximo dos recursos disponíveis até exaurir as fontes básicas da vida. Assim, o Bem Viver tem um forte sentido presente, contrapondo-se à iniquidade própria do capitalismo, em que poucos vivem bem em detrimento da grande maioria.

Este livro faz uma crítica ao produtivismo e ao consumismo, desenfreados e fúteis, que inevitavelmente levarão a humanidade ao colapso civilizatório. Por isso ele é tão atual e tão necessário aos brasileiros, pois, de certa forma, todo este pântano ético, econômico, social, político e cultural em que nosso país está se atolando é reflexo de más escolhas que tão somente repetem modelos já fracassados, como o neodesenvolvimentismo, o neoextrativismo, a financeirização e a reprimarização da economia, bem como o equívoco em reduzir a ideia de inclusão social ao acesso a bens de consumo individual.

Para além da crítica, o livro aponta caminhos, demonstrando que estes caminhos estão mais próximos do que jamais poderíamos imaginar. Estão ao nosso alcance, em nossa alma. Portanto, boa leitura e Bem Viver a todas e a todos. Não temos mais tempo a perder. Vamos caminhar juntos com o planeta.

Célio Turino é historiador, escritor e gestor de políticas públicas. Esteve como Secretário da Cidadania Cultural do Ministério da Cultura entre 2004 e 2010, quando idealizou e desenvolveu o programa Cultura Viva e os Pontos de Cultura. Atualmente se dedica a espalhar este conceito pela América Latina. É autor de diversos livros, entre eles, *Ponto de Cultura - O Brasil de baixo para cima* (Editora Anita Garibaldi, 2009) e *Na trilha de Macunaíma - Ócio e trabalho na cidade* (Editora Senac São Paulo, 2005).

Umas poucas palavras preliminares

Este livro compila alguns textos prévios de minha autoria. Mais de um deles é fruto de esforços coletivos. Os escritos nutrem-se, sobretudo, do debate constituinte de Montecristi,[2] em suas intensas fases de preparação, de realização e de sua inconclusa cristalização.

Para falar do Bem Viver, é preciso recorrer às experiências, às visões e às propostas de povos que, dentro

---

2   N. do T.: Montecristi é o nome de um município e cantão equatoriano localizado na província de Manabí, no litoral noroeste do país. Foi escolhido como sede da Assembleia Constituinte que, entre 30 de novembro de 2007 e 25 de outubro de 2008, debateu, escreveu e aprovou a atual Constituição da República do Equador, reconhecendo, em seu capítulo 1º, o caráter "intercultural" e "plurinacional" do país, e estabelecendo, em seu preâmbulo, a decisão de construir "uma nova forma de convivência cidadã, em diversidade e harmonia com a natureza, para alcançar o *Buen Vivir*, o *sumak kawsay*". Alberto Acosta foi presidente da Assembleia Constituinte do Equador entre 30 de novembro de 2007 e 27 de junho de 2008, quando renunciou devido a divergências com o presidente da República, Rafael Correa, e seu partido, Alianza País, que ajudara a fundar.

e fora do mundo andino e amazônico, empenharam-se em viver harmoniosamente com a Natureza, e que são donos de uma história longa e profunda, ainda bastante desconhecida e, inclusive, marginalizada. Foram capazes de resistir, a seu modo, a um colonialismo que dura mais de quinhentos anos, imaginando um futuro distinto que muito poderia contribuir com os grandes debates globais.

Não há como escrever sobre esta questão a partir de um reduto acadêmico isolado dos processos sociais, sem nutrir-se das experiências e das lutas do mundo indígena – um mundo que, repito, não se encontra apenas nos Andes ou na Amazônia. Portanto, estas linhas, apesar de serem responsabilidade integral do autor, não constituem um produto individual. E menos ainda podem ser entendidas como verdades reveladas.

Pretende-se, com esta modesta contribuição, seguir estimulando o debate. E também iluminar alguns caminhos para a ação.

O que está em jogo, aqui, não é a idealização de um melhor sistema de acumulação material. Tampouco é suficiente uma melhor distribuição e redistribuição de bens. Definitivamente, não se trata de fazer as mesmas coisas de sempre com mais eficiência, esperando que, agora sim, os resultados sejam satisfatórios. Menos ainda se busca propor uma série de ideias e consensos para disfarçar o sistema dominante.

O mundo precisa de mudanças profundas, radicais. Urge superar as visões simplistas que transformaram o economicismo em eixo da sociedade. Necessitamos outras formas de organização social e novas práticas políticas. Para obtê-las, é imprescindível despertar a criatividade e consolidar o compromisso com a vida, para não nos convertermos em meros aplicadores de procedimentos e receitas caducas.

O Bem Viver – ou melhor, os bons conviveres – é uma oportunidade para construir um mundo diferente, que não será alcançado apenas com discursos estridentes, incoerentes com a prática. Outro mundo será possível se for pensado e erguido democraticamente, com os pés fincados nos Direitos Humanos e nos Direitos da Natureza.

Muitas destas reflexões se enriqueceram com as contribuições e as críticas de Eduardo Gudynas, Esperanza Martínez, Joan Martínez Alier, José María Tortosa, Jürgen Schuldt, Koldo Unceta e Paco Rohn, aqui citados em ordem alfabética. A José María, agradeço sobretudo as valiosas observações e questionamentos ao texto. A todos, minha especial gratidão e amizade.

Em versões anteriores, este livro foi publicado em espanhol no Equador (Abya-Yala, 2012) e na Espanha (Icaria, 2013), assim como em francês (Utopia, 2014) e alemão (Oekom Verlag, 2015). Para a presente edição brasileira, atualizei e ampliei vários pontos, introduzindo a análise de novas contribuições e reflexões realizadas nos últimos meses.

Alberto Acosta
Quito, verão de 2015

1. Aprender o caminho do inferno para dele se afastar

*Mesmo que o mundo fosse se desintegrar amanhã,
ainda assim plantaria minha macieira.*

Martinho Lutero

Na América Latina, nas últimas décadas, surgiram profundas propostas de mudança que se apresentam como caminhos para uma transformação civilizatória. As mobilizações e rebeliões populares – especialmente a partir dos mundos indígenas equatoriano e boliviano, caldeirões de longos processos históricos, culturais e sociais – formam a base do que conhecemos como *Buen Vivir*, no Equador, ou *Vivir Bien*, na Bolívia. Nestes países andinos e amazônicos, propostas revolucionárias ganharam força política e se moldaram em suas constituições, sem que, por isso, tenham se cristalizado em ações concretas.

Neste livro, o Bem Viver, *Buen Vivir* ou *Vivir Bien* também pode ser interpretado como *sumak kawsay* (kíchwa), *suma qamaña* (aymara) ou *nhandereko* (guarani), e se apresenta como uma oportunidade para construir coletivamente uma nova forma de vida. Não se trata de uma receita expressa em alguns poucos artigos constitucionais e tampouco de um novo regime de desenvolvimento. O Bem Viver é, essencialmente, um processo proveniente da matriz comunitária de povos que vivem em harmonia com a Natureza.

Os indígenas não são pré-modernos nem atrasados. Seus valores, experiências e práticas sintetizam uma civilização viva, que demonstrou capacidade para enfrentar a Modernidade colonial. Com suas propostas, imaginam um futuro distinto que já alimenta os debates globais. O Bem Viver faz um primeiro esforço para compilar os principais conceitos, algumas experiências e, sobretudo, determinadas práticas existentes nos Andes e na Amazônia, assim como em outros lugares do planeta.

O Bem Viver – isto é fundamental – supera o tradicional conceito de desenvolvimento e seus múltiplos sinônimos, introduzindo uma visão muito mais diversificada e, certamente, complexa. Por isso mesmo, as discussões sobre o Bem Viver, termo em construção, são extremamente enriquecedoras.

O Bem Viver revela os erros e as limitações das diversas teorias do chamado desenvolvimento. Critica a própria ideia de desenvolvimento, transformada em uma enteléquia que rege a vida de grande parte da Humanidade – que, perversamente, jamais conseguirá alcançá-lo. Por outro lado, os países que se assumem como desenvolvidos mostram cada vez mais os sinais de seu mau desenvolvimento. E isso em um mundo em que as brechas que separam ricos e pobres, inclusive em países industrializados, se alargam permanentemente.

A visão de mundo dos marginalizados pela história, em especial dos povos e nacionalidades indígenas,[3] é uma

---

3 No Equador, as nacionalidades são entidades históricas e políticas que têm uma identidade, idioma e cultura comuns, e vivem em um território determinado mediante suas instituições e formas tradicionais de organização social, econômica, jurídica, política e de exercício da autoridade. Por outro lado, os povos

oportunidade para construir outros tipos de sociedades, sustentadas sobre uma convivência harmoniosa entre os seres humanos consigo mesmos e com a Natureza, a partir do reconhecimento dos diversos valores culturais existentes no planeta. Ou seja, trata-se de bem conviver em comunidade e na Natureza.

Mas, será possível e realista implementar outro ordenamento social dentro do capitalismo? Estamos falando de um ordenamento social fundamentado na vigência dos Direitos Humanos e dos Direitos da Natureza, inspirado na reciprocidade e na solidariedade. Dentro do capitalismo, isso é definitivamente impossível.

Apenas colocar o Bem Viver na Constituição não será suficiente para superar um sistema que é, em essência, a civilização da desigualdade e da devastação. Isso, no entanto, não significa que o capitalismo deve ser totalmente superado para que, só depois, o Bem Viver possa se tornar realidade. Valores, experiências e práticas do Bem Viver continuam presentes, como tem sido demonstrado ao longo de cinco séculos de colonização constante.

Para entender as implicações do Bem Viver, que não pode ser simplesmente associado ao "bem-estar ocidental", há que recuperar a cosmovisão dos povos e nacionalidades indígenas. É importante conhecer alguns de seus

indígenas se definem como as *coletividades originárias*, formadas por identidades culturais que as diferenciam de outros setores da sociedade equatoriana. São regidas por sistemas próprios de organização social, econômica, política e legal. Em uma nacionalidade podem existir diversos povos, que mantêm características essenciais comuns, como o idioma, mas com outros elementos que os diferenciam entre si. O Equador é composto por catorze nacionalidades indígenas: andoa, zápara, kíchwa, siona, secoya, cofán, huaorani, shiwiar, shuar, achuar, chachi, epera, tsáchila e awá.

aspectos primordiais – o que será feito ao longo do livro. Antes, porém, vamos esclarecer alguns pontos.

Sem assumir que o Estado é o único campo de ação estratégico para a construção do Bem Viver, é indispensável repensá-lo em termos plurinacionais e interculturais. Isso, na verdade, é um compromisso histórico. Não se trata de modernizar o Estado incorporando burocraticamente as dimensões indígenas e afrodescendentes, ou favorecendo-lhes espaços especiais, como educação intercultural bilíngue apenas para os indígenas, ou constituindo instituições para a administração das questões indígenas. Para construir o Bem Viver, a educação intercultural, por exemplo, deve ser aplicada a todo o sistema educativo – obviamente, porém, com outros princípios conceituais.

O Estado plurinacional exige a incorporação dos códigos culturais dos povos e nacionalidades indígenas. Ou seja, há que se abrir as portas a um amplo debate para transitar a outro tipo de Estado que não esteja amarrado às tradições eurocêntricas. Neste processo, em que será necessário repensar as estruturas estatais, há que se construir uma institucionalidade que materialize o exercício horizontal do poder. Isso implica "cidadanizar" individual e coletivamente o Estado, criando espaços comunitários como formas ativas de organização social. A própria democracia tem de ser repensada e aprofundada.

A questão continua sendo política. Não podemos esperar uma solução "técnica". Nosso mundo tem de ser recriado a partir do âmbito comunitário. Como consequência, temos de impulsionar um processo de transições movido por novas utopias. Outro mundo será possível se for pensado e organizado comunitariamente a partir dos Direitos Humanos – políticos, econômicos, sociais, culturais e ambientais dos indivíduos, das famílias e dos povos – e dos Direitos da Natureza.

A superação das desigualdades é inescapável. A descolonização e a despatriarcalização são tarefas fundamentais, tanto quanto a superação do racismo, profundamente enraizado em nossas sociedades. As questões territoriais requerem urgente atenção.

O Bem Viver aposta em um futuro diferente, que não se conquistará com discursos radicais carentes de propostas. É necessário construir relações de produção, de intercâmbio e de cooperação que propiciem suficiência — mais que apenas eficiência — sustentada na solidariedade.

Deixemos claro que, tal como reza a Constituição equatoriana, o ser humano, ao ser o centro das atenções, é o fator fundamental da economia. E, nesse sentido, resgatando a necessidade de fortalecer e dignificar o trabalho, abole-se qualquer forma de precarização trabalhista. No entanto, esse raciocínio está incompleto. E aqui surge um elemento-chave: o centro das atenções não deve ser apenas o ser humano, mas o ser humano vivendo em comunidade e em harmonia com a Natureza.

As pessoas devem organizar-se para recuperar e assumir o controle das próprias vidas. Contudo, já não se trata somente de defender a força de trabalho e de recuperar o tempo livre para os trabalhadores — ou seja, não se trata apenas de opor-se à exploração da mão de obra. Também está em jogo a defesa da vida contra esquemas antropocêntricos de organização produtiva, causadores da destruição do planeta.

Portanto, urge superar o divórcio entre a Natureza e o ser humano. Essa mudança histórica e civilizatória é o maior desafio da Humanidade, se é que não se deseja colocar em risco nossa própria existência. É disso que tratam os Direitos da Natureza, incluídos na Constituição equatoriana de 2008. A relação com a Natureza é essencial na construção do Bem Viver.

No Equador, reconheceu-se a Natureza como sujeito de direitos. Esta é uma postura biocêntrica que se baseia em uma perspectiva ética alternativa, ao aceitar que o meio ambiente – todos os ecossistemas e seres vivos – possui um valor intrínseco, ontológico, inclusive quando não tem qualquer utilidade para os humanos. A Constituição boliviana, aprovada em 2009, não oferece o mesmo biocentrismo: outorgou um posto importante à *Pacha Mama* ou Mãe Terra, mas, ao defender a industrialização dos recursos naturais, ficou presa às ideias clássicas do progresso, baseadas na apropriação da Natureza.

Não se trata simplesmente de "fazer melhor" as mesmas coisas que têm sido feitas até agora – e ainda esperar que a situação melhore. Como parte da construção coletiva de um novo pacto de convivência social e ambiental, é necessário construir espaços de liberdade e romper todos os cercos que impedem sua vigência.

Hoje, mais que nunca, em meio à derrocada financeira internacional, que é apenas uma faceta da crise civilizatória que se abate sobre a Humanidade, é imprescindível construir modos de vida que não sejam regidos pela acumulação do capital. O Bem Viver serve para isso, inclusive por seu espírito transformador e mobilizador. É preciso virar a página, definitivamente.

Estas ideias sintetizam grande parte dos anseios populares andinos e amazônicos. Mas, apesar de terem sido materializadas em duas constituições, sua aceitação e compreensão vêm sendo impossibilitadas pelo conservadorismo de constitucionalistas tradicionais, demasiadamente atentos às exigências do poder. Aqueles que se veem ameaçados em seus privilégios não cessarão em combatê-las. E o que é mais frustrante: dentro dos governos da Bolívia e do Equador, que apoiaram os processos constituintes, são cada vez maiores as ameaças e as críticas às constituições do *Buen Vivir* ou *Vivir Bien*.

O Bem Viver – enquanto filosofia de vida – é um projeto libertador e tolerante, sem preconceitos nem dogmas. Um projeto que, ao haver somado inúmeras histórias de luta, resistência e propostas de mudança, e ao nutrir-se de experiências existentes em muitas partes do planeta, coloca-se como ponto de partida para construir democraticamente sociedades democráticas.

Para trilhar um caminho diferente, é preciso superar o objetivo básico e os motores do modelo ocidental de desenvolvimento. Deve-se propiciar uma transformação radical das concepções e linguagens convencionais do desenvolvimento e, sobretudo, do progresso, que nos foram impostas há mais de quinhentos anos. Wolfgang Sachs disse, em 1992: "A flecha do progresso está quebrada e o futuro perdeu seu brilho: o que temos pela frente são mais ameaças que promessas."

Também é preciso identificar o que é realmente importante e necessário, tendo à mão o mapa com as trilhas que não nos convêm percorrer: "Aprender o caminho do inferno para dele se afastar", como recomendava Nicolau Maquiavel há cinco séculos.

2. O Bem Viver, uma proposta global

Primeiro, eles te ignoram. Depois, riem de você.
Depois, lutam contra você. Então, você vence.
Mahatma Gandhi

Com sua proposta de harmonia com a Natureza, reciprocidade, relacionalidade, complementariedade e solidariedade entre indivíduos e comunidades, com sua oposição ao conceito de acumulação perpétua, com seu regresso a valores de uso, o Bem Viver, uma ideia em construção, livre de preconceitos, abre as portas para a formulação de visões alternativas de vida. Antes de abordar seus conteúdos, valores, experiências e práticas, existentes em muitos lugares do mundo, propomos algumas reflexões sobre a potencial validade destas ideias em um contexto global.

O Bem Viver, sem esquecer e menos ainda manipular suas origens ancestrais, pode servir de plataforma para discutir, consensualizar e aplicar respostas aos devastadores efeitos das mudanças climáticas e às crescentes marginalizações e violências sociais. Pode, inclusive, contribuir com uma mudança de paradigmas em meio à crise que golpeia os países outrora centrais. Nesse sentido, a construção do Bem Viver, como parte de processos profundamente democráticos, pode ser útil para encontrar saídas aos impasses da Humanidade.

Como é fácil compreender, questionamentos desse tipo estão além de qualquer correção nas estratégias de desenvolvimento e crescimento econômico permanente. Não se pode mais sustentar o discurso do desenvolvimento, que, com suas raízes coloniais, justifica visões excludentes. Requeremos um discurso contra-hegemônico que subverta o discurso dominante e suas correspondentes práticas de dominação. E, igualmente, novas regras e lógicas de ação, cujo êxito dependerá da capacidade de pensar, propor, elaborar e, inclusive, indignar-se – globalmente, se for o caso.

O Bem Viver questiona o conceito eurocêntrico de bem-estar. É uma proposta de luta que enfrenta a colonialidade do poder. Sem minimizar a contribuição indígena, temos de aceitar que as visões andinas e amazônicas não são a única fonte inspiradora do Bem Viver. Em diversos espaços no mundo – e inclusive em círculos da cultura ocidental – há muito tempo têm se levantado diversas vozes que poderiam estar de alguma maneira em sintonia com essa visão, como os ecologistas, as feministas, os cooperativistas, os marxistas e os humanistas.

Compreende-se, paulatinamente, a inviabilidade do estilo de vida dominante. O crescimento material sem fim poderia culminar em suicídio coletivo. A concepção – equivocada – do crescimento baseado em inesgotáveis recursos naturais e em um mercado capaz de absorver tudo o que for produzido não tem conduzido nem conduzirá ao desenvolvimento. Pelo contrário. O reconhecido economista britânico Kenneth Boulding, ao encontro do matemático romeno Nicholas Georgescu-Roegen, tinha razão quando exclamava: "Qualquer um que acredite que o crescimento exponencial pode durar para sempre em um mundo finito ou é louco ou economista."

Como se não bastasse o fato de a maioria dos seres humanos não ter alcançado o bem-estar material, estão sendo afetadas sua segurança, liberdade e identidade. Se durante a Idade Média a maioria da população estava estruturalmente marginalizada do progresso, hoje tampouco participa de seus supostos benefícios: está excluída ou recebe apenas algumas migalhas. Em muitos casos, não tem nem o "privilégio" de ser explorada como mão de obra.

Na época mais profunda do Medievo, as pessoas não tinham tempo para refletir, preocupadas demais que estavam em sobreviver às pestes, à desnutrição, ao trabalho servil e aos abusos dos senhores feudais, assim como às intermináveis guerras. Muitos desses pesadelos permanecem assustadoramente reais para milhões e milhões de homens, mulheres e crianças, e parecem haver-se ampliado graças ao consumismo e à sobrecarga de informações alienantes que minam sua capacidade crítica. O Estado contribui forçando a incorporação de populações que tentam resistir à lógica consumista.

A difusão de certos padrões de consumo, em uma pirueta de absoluta perversidade, se infiltra no imaginário coletivo, inclusive no de amplos grupos humanos que não possuem condições econômicas para acessá-los, mantendo-os prisioneiros de um desejo permanente. As mensagens consumistas penetram por todas as brechas da sociedade.

Recorde-se, ademais, que hoje os grandes meios de comunicação, privados e governamentais, em um paralelismo com as práticas inquisitivas, marginalizam conteúdos contrários à lógica do poder. A superabundância de informação também cumpre essa tarefa, em que tudo se dissolve em uma espécie de banalidade programada. Não apenas surgem instituições que se encarregam do controle da informação, mas que convertem o cidadão em artífice da própria alienação.

Muitíssimas pessoas só trabalham e produzem pensando em consumir, mas, ao mesmo tempo, vivem na insatisfação permanente de suas necessidades. Produção e consumo se tornam, assim, uma espiral interminável, esgotando os recursos naturais de maneira irracional e acirrando ainda mais a tensão criada pelas desigualdades sociais. Nesse ponto, desempenham papel determinante muitos avanços tecnológicos que aceleram o círculo perverso de produção crescente e apetites cada vez mais vorazes.

Eis uma das contradições mais alarmantes de nossa época. O progresso da ciência e da técnica aparentemente nos abriria um campo infinito de possibilidades. Na realidade, porém, acabou restringindo ainda mais nossos horizontes.

Sem negar, em absoluto, a potencial importância dos avanços tecnológicos ocorridos nas últimas décadas, cuja velocidade continuará surpreendendo dia após dia, deve-se ter presente que nem toda a Humanidade se beneficia de tais conquistas. Segmentos enormes da população mundial não têm acesso igualitário ao mundo da informática, por exemplo. Ainda há muitíssima gente que jamais teve contato com a internet. E muitos dos que tiveram são verdadeiros analfabetos tecnológicos, possuidores de um instrumento que não conhecem nem podem utilizar em sua plenitude.

Aqui aparece uma pergunta interessante: até quando vamos esperar que o progresso tecnológico resolva nossos enormes problemas? Não se trata de conservadorismo diante da ideia do progresso tecnológico, mas de questionamentos acerca de seu sentido.

A técnica, sabemos bem, não é neutra: é parte do processo de valorização do capital – o que a torna nociva em vários aspectos – e desenvolve-se em função das demandas de acumulação. Leva inscrita uma "forma social", que implica uma certa maneira de nos relacionarmos uns com os outros e de construirmos a nós mesmos. Basta olhar a sociedade que "produz" o automóvel e o tipo de energia que ele demanda.

Então, haveria que formular outra pergunta: qual é a "forma social" implícita nos avanços tecnológicos aparentemente democratizadores, aos que deveríamos aderir? Na realidade, muitas das novas técnicas são fonte de renovadas formas de desigualdade, exploração e alienação. Muitos dos avanços tecnológicos, por exemplo, fazem com que certos trabalhadores se tornem imprestáveis ao passo que excluem todos aqueles que não consigam acessar a novidade. Tudo isso redefine o próprio trabalho, deslocando-o ao âmbito cognitivo e contribuindo com sua flexibilização. Os seres humanos, ao que parece, nos transformamos em simples ferramentas para as máquinas, quando a relação deveria ser inversa. Para que exista outro tipo de técnica, portanto, é necessário transformar as condições de sua produção social.

A busca por novas formas de vida implica revitalizar a discussão política, ofuscada pela visão economicista sobre os fins e os meios. Ao endeusarmos a atividade econômica e, particularmente, o mercado, abandonamos muitos instrumentos não econômicos indispensáveis para melhorar as condições de vida das pessoas. Por exemplo, acreditar que os problemas ambientais globais se resolverão com medidas de mercado é um erro que pode nos custar muito caro: está demonstrado que as normas e regulações – embora insuficientes – têm sido mais efetivas que "as leis" de oferta e demanda preconizadas pela economia capitalista. A resolução dos problemas exige, então, uma aproximação multidisciplinar. Vivemos uma situação de complexidades múltiplas que não podem ser explicadas a partir de visões monocausais.

A proposta do Bem Viver, desde que assumida ativamente pela sociedade, pode projetar-se com força nos debates mundiais. Poderia ser inclusive um detonante para enfrentar propositivamente a crescente alienação de uma grande maioria dos seres humanos. Em outras palavras, a discussão sobre o Bem Viver não deveria circunscrever-se às realidades andina e amazônica. Apesar de reconhecermos a extrema dificuldade para se construir o

Bem Viver em comunidades imersas no turbilhão do capitalismo, estamos convencidos de que há muitas opções para começar a praticá-lo em outros lugares do planeta, inclusive nos países industrializados.

Neste caminho de busca coletiva por alternativas múltiplas não se pode ignorar os grandes desafios globais. Embora o debate proposto nestas páginas não contenha reflexões específicas para abordar a crise econômica internacional, não é tolerável, inclusive dentro da lógica do direito internacional, que os instrumentos financeiros sirvam como ferramentas de pressão para que um Estado ou uma instância controlada por poucos Estados poderosos imponha condições – insustentáveis – a países mais fracos. Isso aconteceu e ainda acontece com o endividamento externo, transformado em estratégia de dominação política. A urgente busca de soluções mundiais deve destinar os recursos econômicos à satisfação das necessidades mais prementes da Humanidade, além de literalmente desarmar muitos processos violentos.

O Bem Viver, que surge de visões utópicas, está presente de diversas maneiras na realidade do ainda vigente sistema capitalista – e se nutre da imperiosa necessidade de impulsionar uma vida harmônica entre os seres humanos e deles com a Natureza: uma vida centrada na autossuficiência e na autogestão dos seres humanos vivendo em comunidade. O esforço deve estar dirigido às "substâncias", como diz a economista mexicana Ana Esther Ceceña, antes que às formas – instituições ou regulações.

Isso implica ter em mente uma mudança de eras. Haverá que superar a pós-modernidade, compreendida como era do desencanto. O modelo de desenvolvimento devastador, que tem no crescimento econômico insustentável seu paradigma de Modernidade, não pode continuar dominando. Haverá, então, que superar a ideia de progresso enquanto permanente acumulação de bens materiais.

Mais uma pergunta: será possível que, a partir da atual crise do capitalismo, chegue-se a uma nova organização civilizatória que permita reconstruir outros tipos de Estados e renovados espaços locais e regionais, para, então, construir democraticamente espaços globais democráticos, enfim, outros mapas territoriais e conceituais?

Tentar resolver este enigma não será fácil. Para começar, devemos nos reencontrar com "a dimensão utópica", tal como propunha o ensaísta peruano Alberto Flores Galindo, o que implica fortalecer os valores básicos da democracia: liberdade, igualdade e solidariedade, incorporando conceitos da vida em comunidade. Nestas novas formas de vida, sobre bases de verdadeira tolerância, haverá que se respeitar, por exemplo, a diversidade de opções sexuais e de formas de organização familiar e comunitária.

O Bem Viver é uma filosofia de vida que abre as portas para a construção de um projeto emancipador. Um projeto que, ao haver somado histórias de lutas, de resistência e de propostas de mudança, e ao nutrir-se de experiências locais, às que deverão somar-se contribuições provenientes de diversas latitudes, posiciona-se como ponto de partida para estabelecer democraticamente sociedades sustentáveis.

Logo, a necessidade de uma nova economia e os Direitos da Natureza perfilam-se como questões de interesse à Humanidade. E, como tal, devem ser discutidos. É o que faremos adiante.

Para propor uma sociedade diferente, retomando novamente o pensamento de Flores Galindo, não há uma receita. "Tampouco um caminho traçado, nem uma alternativa definida. Há que construí-los."

A inexistência de uma trilha predeterminada não é um problema. Pelo contrário: liberta-nos de visões dogmáticas. Porém, exige maior clareza sobre onde queremos chegar. Não importa apenas o destino, mas também o caminho ou os caminhos para uma vida digna, garantindo a todos os seres — humanos e não humanos — um presente e um futuro, e assegurando, assim, a sobrevivência da Humanidade.

3. O desenvolvimento: da euforia ao desencanto

*Por quase meio século, a boa vizinhança no
planeta foi concebida à luz do "desenvolvimento".
Hoje, esse farol revela suas rachaduras. Começou
a desmoronar. A ideia de desenvolvimento se
ergue como uma ruína na paisagem intelectual.
O engano e a desilusão, os fracassos e os
crimes têm sido companheiros permanentes do
desenvolvimento. Contam uma mesma história:
não funcionou. Além disso, desapareceram
as condições históricas que possibilitaram a
proeminência dessa ideia: o desenvolvimento
tornou-se antiquado. Sobretudo, as esperanças e os
desejos que lhe deram asas estão agora esgotados: o
desenvolvimento ficou obsoleto.*

Wolfgang Sachs

Desde meados do século 20, um fantasma ronda o mundo. Esse fantasma é o desenvolvimento. Apesar de a maioria das pessoas seguramente não acreditar em fantasmas, ao menos em algum momento acreditou no "desenvolvimento", deixou-se influenciar pelo "desenvolvimento", perseguiu o "desenvolvimento", trabalhou pelo "desenvolvimento", viveu do "desenvolvimento". E é muito provável que continue assim.

Sem negar a vigência de um processo de longa data por meio do qual seres humanos buscaram satisfazer da melhor maneira suas necessidades – o que poderia ser compreendido como progresso –, assumimos que o imperativo global do desenvolvimento se institucionalizou em 20 de janeiro de 1949. Naquele então, o presidente dos Estados Unidos, Harry Truman, ao inaugurar seu segundo mandato com um discurso no Congresso, definiu a maior parte do mundo como "áreas subdesenvolvidas".

No "quarto ponto" de sua intervenção, afirmou:

Devemos embarcar em um novo programa que disponibilize os benefícios de nossos avanços científicos e nosso progresso industrial para a melhoria e o crescimento das regiões subdesenvolvidas. Mais da metade da população mundial está vivendo em condições que se aproximam da miséria. Sua alimentação é inadequada. Elas são vítimas de doenças. Sua vida econômica é primitiva e estancada. Sua pobreza é um lastro e uma ameaça tanto para eles mesmos quanto para as regiões mais prósperas. Pela primeira vez na história, a humanidade possui conhecimentos e habilidades para aliviar o sofrimento dessas pessoas.

Em poucas palavras, Truman propôs um potente mandato ideológico:

Nosso propósito teria de ser o de ajudar os povos livres do mundo para que, através de seu próprio esforço, produzam mais alimentos, mais vestimentas, mais materiais para suas casas e mais potência mecânica para aliviar suas cargas. (…) Tem de ser um esforço global para obter paz, plenitude e liberdade. Com a cooperação das empresas, do capital privado, da agricultura e da mão de obra deste país, este programa pode aumentar a atividade industrial em outras nações e melhorar substancialmente seus padrões de vida. (…) O velho imperialismo – exploração para benefício estrangeiro – não tem lugar em nossos planos. O que vislumbramos é um programa de desenvolvimento baseado nos conceitos de uma relação limpa e democrática.

Como conclusão, o chefe de Estado da primeira potência global, consciente de que os Estados Unidos e outras nações industrializadas estavam "no topo da escala social evolutiva", como pontua o sociólogo alemão Wolfgang Sachs, anunciou que todas as sociedades teriam de percorrer a mesma trilha — o que serviria de base para a teoria das etapas do economista norte-americano Walt Whitman Rostow — e aspirariam a uma só meta: "o desenvolvimento". E, claro, firmou as bases conceituais de outra forma de imperialismo: "o desenvolvimento".

A metáfora do desenvolvimento obteve vigor inusitado. Transformou-se em uma meta a ser alcançada por toda a Humanidade. Converteu-se em uma exigência global que implicava a difusão do modelo de sociedade norte-americano, herdeiro de muitos valores europeus. Embora Truman certamente não estivesse ciente do que falava, nem de sua transcendência, esta seria uma proposta histórica. Para compreender melhor os porquês desta conclusão, cabe recordar, como faz o economista basco Koldo Unceta, que,

> quando *Adam Smith escreveu* A Riqueza das Nações, *inaugurou-se de alguma forma o debate sobre o desenvolvimento que chegou até nossos dias. Anteriormente, outros pensadores — desde Kautilya, na antiga Índia, até Aristóteles, na Grécia clássica, ou Santo Agostinho, na Europa medieval — haviam teorizado sobre a conveniência de determinadas ações ou decisões na hora de se obter maior prosperidade para cidades, países e reinos, e para seus habitantes. No entanto, não seria antes do século 18 que, graças ao pensamento ilustrado, começaria a abrir caminho uma perspectiva racional e universalista sobre estas questões. Com ele, não apenas se impunha um desenvolvimento do conhecimento crescentemente emancipado da religião, mas*

também uma concepção global do mundo capaz de superar as visões particularistas mediatizadas por crenças locais.[4]

Assim, depois da Segunda Guerra Mundial, quando começava a Guerra Fria, em meio ao surgimento da ameaça e do terror nuclear, o discurso sobre "o desenvolvimento" estabeleceu – e consolidou – uma estrutura de dominação dicotômica: desenvolvido-subdesenvolvido, pobre-rico, avançado-atrasado, civilizado-selvagem, centro-periferia. Mesmo as posições mais críticas, como veremos mais adiante, assumiram como indiscutível essa dualidade.

O mundo então se ordenou para alcançar o "desenvolvimento". Surgiram planos, programas, projetos, teorias, metodologias e manuais de desenvolvimento, bancos especializados em financiar o desenvolvimento, ajuda ao desenvolvimento, capacitação e formação para o desenvolvimento, comunicação para o desenvolvimento e uma longa lista de etcéteras.

---

4 Para rastrear as origens do debate sobre o desenvolvimento, teríamos de regressar aos trabalhos de Adam Smith, Karl Marx e, especialmente, do economista alemão Friedrich List, quem, com seu livro *Das nationale System der Politischen Ökonomie*, de 1841, pode ser considerado um pioneiro nesta discussão. Um pouco mais próximo de nosso tempo, temos a contribuição do austríaco Joseph Schumpeter, com seu livro *Teoria do desenvolvimento econômico*, publicado no início do século 20. Schumpeter sustenta que o desenvolvimento é um fato econômico mais que social. A lista de autores que abordaram a questão depois de 1949 é longa e diversificada em enfoques e contribuições: Arthur Lewis (1955), Gunnar Myrdal (1957), Walt Wihtman Rostow (1960), Nicholas Kaldor (1961), entre muitos outros. Certamente, também haveria de incluir os dependentistas e estruturalistas, destacando o economista argentino Raúl Prebisch, para completar uma longuíssima lista de estudiosos que participaram de um dos debates mais ricos e intensos da história. Uma sugestiva caracterização de "sete escolas da economia política do desenvolvimento" se encontra em Hidalgo-Capitán (2011).

Foi em torno do "desenvolvimento", em plena Guerra Fria, que girou o enfrentamento entre capitalismo e comunismo. Inventou-se o Terceiro Mundo, e seus membros foram instrumentalizados qual peões no xadrez da geopolítica internacional. Uns e outros, direitas e esquerdas, estabelecendo diversas especificidades e diferenças, assumiram o desafio de alcançar "o desenvolvimento". Nos quatro cantos do planeta, as comunidades e as sociedades foram – e continuam sendo – reordenadas para adaptar-se ao "desenvolvimento". Este se transformou no destino comum da Humanidade, uma obrigação inegociável.

Em nome do "desenvolvimento", os países centrais ou desenvolvidos – nossos grandes referenciais – lançaram mão de operativos de interferência nos assuntos internos dos países periféricos ou subdesenvolvidos. Assim, por exemplo, registramos recorrentes ingerências econômicas por meio do Fundo Monetário Internacional (FMI) e do Banco Mundial, e inclusive ações militares para impulsionar "o desenvolvimento" dos países atrasados, protegendo-os da influência de potências rivais. Não faltaram intervenções que supostamente buscavam proteger ou introduzir a democracia como base política para o ansiado desenvolvimento.

Os países pobres, em um ato de generalizada subordinação e submissão, têm aceitado este estado de coisas desde que sejam considerados países em desenvolvimento ou em vias de desenvolvimento. No mundinho diplomático e dos organismos internacionais, não é comum falar em países subdesenvolvidos e menos ainda se aceita que sejam países empobrecidos ou periferizados pela própria busca do "desenvolvimento". E isso quando sabemos que muitas vezes houve um processo de "desenvolvimento do subdesenvolvimento", tal como anotou com extrema lucidez André Gunder Frank, economista e sociólogo alemão e um dos maiores pensadores da teoria da dependência.

Desta maneira, os países considerados atrasados aceitaram aplicar um conjunto de políticas, instrumentos e indicadores para sair do "atraso" e chegar ao desejado "desenvolvimento". Ao longo das últimas décadas, quase todos os países considerados não desenvolvidos têm tentado seguir esse caminho. Quantos conseguiram? Muito poucos, e isso se aceitarmos que o que conseguiram é realmente "desenvolvimento".

Quando os problemas começaram a minar nossa fé no "desenvolvimento" e a grande teoria do desenvolvimento fez água por todos os lados, buscamos alternativas de desenvolvimento. Como aponta o sociólogo peruano Aníbal Quijano, colocamos sobrenomes ao desenvolvimento para diferenciá-lo do que nos incomodava, mas seguimos pela trilha do desenvolvimento: desenvolvimento econômico, desenvolvimento social, desenvolvimento local, desenvolvimento global, desenvolvimento rural, desenvolvimento sustentável ou sustentado, ecodesenvolvimento, etnodesenvolvimento, desenvolvimento humano, desenvolvimento endógeno, desenvolvimento com igualdade de gênero, codesenvolvimento, desenvolvimento transformador... desenvolvimento, no final das contas. O "desenvolvimento", como toda crença, nunca foi questionado: foi simplesmente redefinido por suas características mais destacadas.

A América Latina desempenhou um papel importante na criação de revisões contestadoras do desenvolvimento tradicional, como o estruturalismo ou as diferentes ênfases da teoria da dependência, até chegar a outras posições mais recentes. Suas críticas foram contundentes. Suas propostas, porém, não prosperaram.

Estas posturas heterodoxas trazem contribuições consideráveis, mas também padecem de algumas limitações. Por um lado, suas propostas não conseguiram questionar seriamente os núcleos conceituais da ideia de desenvolvimento convencional, entendido como progresso linear e particularmente expresso em termos de crescimento econômico. Por outro lado, cada um desses questionamentos criou uma onda de revisões que não puderam somar-se e articular-se entre si. Em alguns casos, promoveram um ponto alto nas críticas e inclusive nas propostas, mas pouco depois estes esforços perderam vigor e as ideias convencionais retomaram protagonismo.

Mais adiante, e isto é o que mais nos interessa nesta ocasião, percebeu-se que a questão não é simplesmente aceitar uma ou outra trilha para o desenvolvimento. Os caminhos ao desenvolvimento não são o

problema maior. A dificuldade radica no conceito. O desenvolvimento, enquanto proposta global e unificadora, desconhece violentamente os sonhos e as lutas dos povos subdesenvolvidos. A negação agressiva do que é próprio desses povos foi muitas vezes produto da ação direta ou indireta das nações consideradas desenvolvidas: recordemos, por exemplo, a atuação destrutiva da colonização ou das próprias políticas do FMI.

Além disso, agora sabemos que o desenvolvimento, enquanto reedição dos estilos de vida dos países centrais, é irrepetível em nível global. Tal estilo de vida consumista e predador, ademais, está colocando em risco o equilíbrio ecológico. E, cada vez mais, marginaliza massas de seres humanos de suas supostas vantagens. Nem sequer a fome – que não é uma questão de falta de alimentos – foi erradicada do planeta. Segundo a Organização das Nações Unidas para a Alimentação e a Agricultura, todos os anos se desperdiça mais de um bilhão de toneladas de alimentos – o que constitui parte da capacidade ociosa de consumo, no dizer do economista Jürgen Schuldt.

Como se não bastasse, constatou-se que o mundo vive um "mau desenvolvimento" generalizado, incluindo nos países considerados desenvolvidos. O sociólogo espanhol José María Tortosa nos alerta que

> *o funcionamento do sistema mundial contemporâneo é "mau desenvolvedor" (...) É fácil entender por que: é um sistema baseado na eficiência, que tenta maximizar os resultados, reduzir custos e acumular capital incessantemente. (...) Se "vale tudo", o problema não é dos jogadores, mas das próprias regras do jogo. Em outras palavras, o sistema mundial está mal desenvolvido graças à sua própria lógica. E é a essa lógica que devemos dirigir as atenções.*

Agora, quando múltiplas e sincronizadas crises afogam o planeta, vemos que este fantasma trouxe e continua trazendo funestas consequências. O desenvolvimento pode inclusive não ter conteúdo, mas justifica seus próprios meios e até seus fracassos. Aceitamos as regras do "vale-tudo". Tudo é tolerado na luta para deixar o subdesenvolvimento em busca do progresso. Tudo se santifica em nome de uma meta tão alta e promissora: temos de ao menos parecer-nos com os superiores e, para chegar lá, *vale* qualquer sacrifício.

Por isso, aceitamos a devastação ambiental e social em troca de alcançar o "desenvolvimento". Pelo desenvolvimento, para citar um exemplo, aceita-se a grave destruição humana e ecológica provocada pela megamineração, mesmo sabendo que ela aprofunda a modalidade de acumulação extrativista herdada da colonização — e que é uma das causas diretas do subdesenvolvimento.

Negamos inclusive nossas raízes históricas e culturais para modernizar-nos imitando os países adiantados. Assim, negamos as possibilidades de uma modernização

própria. O âmbito econômico, visto a partir da lógica da acumulação do capital, domina o cenário. A ciência e a tecnologia importadas normatizam a organização das sociedades. Neste caminho – de mercantilização implacável – aceitamos que tudo se compra, tudo se vende. Para que o pobre saia de sua pobreza, o rico estabeleceu que, para ser como ele, o pobre deve agora pagar para imitá-lo: comprar até seu conhecimento, marginalizando suas próprias sabedorias e práticas ancestrais.

Em resumo, o caminho percorrido desde o pós-guerra foi complexo. Os resultados obtidos não são satisfatórios. Em projeção global, o "desenvolvimento", como anotou Aníbal Quijano, converteu-se em

> *um termo de desgraçada biografia. (...) Desde a Segunda Guerra Mundial, mudou muitas vezes de identidade e sobrenome, dividido entre um consistente reducionismo economicista e as insistentes reivindicações de todas as outras dimensões da existência social: ou seja, entre interesses de poder muito diferentes. E foi acolhido com fortuna muito desigual nos distintos tempos de nossa cambiante história. No início, foi, sem*

dúvida, uma das propostas mais mobilizadoras da segunda metade do século. Suas promessas arrastaram todos os setores da sociedade e, de algum modo, acenderam um dos mais densos e ricos debates de toda nossa história, mas foram eclipsando em um horizonte cada vez mais esquivo, e seus seguidores acabaram enjaulados pelo desencanto.

Wolfgang Sachs já havia sido preciso sobre o tema:

Os últimos quarenta anos podem ser denominados como a era do desenvolvimento. Esta época está chegando ao fim. Chegou o momento de escrever seu obituário. Como um majestoso farol que guia os marinheiros à costa, o "desenvolvimento" foi a ideia que orientou as nações emergentes em sua jornada ao longo da história do pós-guerra. Sob democracias ou ditaduras, os países do Sul proclamaram o desenvolvimento como aspiração primária depois de terem sido libertados da subordinação colonial. Quatro décadas mais tarde, governos e cidadãos ainda estão com os olhos fixos nesta luz, que agora cintila tão longe como sempre: todo esforço e todo sacrifício se justificam para alcançar a meta, mas a luz continua distanciando-se na escuridão.

Quando é evidente a inutilidade de seguir correndo atrás do *fantasma do desenvolvimento*, emerge com força a busca de alternativas ao desenvolvimento, ou seja, de formas de organizar a vida fora do desenvolvimento, superando o desenvolvimento e, em especial, rechaçando aqueles núcleos conceituais da ideia de desenvolvimento convencional, entendido como a realização do conceito de progresso que nos foi imposto há séculos. Isso necessariamente implica superar o capitalismo e suas lógicas de devastação social e ambiental, o que nos abre as portas ao pós-desenvolvimento e, claro, ao pós-capitalismo.

Aceitemos: para a maioria dos habitantes do planeta, o capitalismo não representa uma promessa ou sonho: é um pesadelo realizado.

Levou muito tempo para, como Wolfgang Sachs, começarmos a dizer "adeus à defunta ideia a fim de esclarecer nossas mentes para novas descobertas". De todas as formas, ainda quando "a ideia de desenvolvimento é já uma ruína em nossa paisagem intelectual, (...) sua sombra (...) escurece nossa visão", explica o agrônomo brasileiro José de Souza Silva. Apesar do fracasso da economia autorregulada dos liberais, ainda há quem acredite ser possível "voltar ao desenvolvimento", como aponta o economista mexicano Jaime Ornelas Delgado, procurando uma revisão crítica do que significa desenvolvimento enquanto proposta de origem colonial.

Mesmo sabendo que o desenvolvimento é antiquado, sua influência ainda nos pesará por longo tempo. Assumamos, não como consolo, que escaparemos do desenvolvimento – e do capitalismo – arrastando muitas de suas correntes, e que será um caminho longo e tortuoso, com avanços e retrocessos, cuja duração e solidez dependerá da ação política para assumir o desafio.

É fundamental levar em conta que, na matriz do próprio capitalismo, estão surgindo alternativas para superá-lo. Em seu seio existem muitas experiências e práticas do Bem Viver, entendido em termos amplos, que podem se transformar no germe de outra civilização.

Civilizado-selvagem, uma dicotomia perversa

Se a ideia de desenvolvimento está em crise "em nossa paisagem intelectual", necessariamente devemos questionar também o conceito de progresso, que emergiu com força há uns quinhentos anos na Europa. Os elementos substanciais da visão dominante imposta pelo desenvolvimento nutrem-se dos valores impostos pelo progresso civilizatório europeu, extremamente expansionista, influente e destrutivo.

A partir de 1492, quando a Espanha invadiu com uma estratégia de dominação para a exploração a região que após a chegada dos conquistadores passou a se chamar América, impôs-se um imaginário para legitimar a superioridade do europeu, o "civilizado", e a inferioridade do outro, o "primitivo". Neste ponto emergiram a colonialidade do poder, a colonialidade do saber e a colonialidade do ser,[5] que não são apenas uma recordação do passado: estão vigentes até nossos dias e explicam a organização do mundo, já que são um ponto fundamental na agenda da Modernidade.

Para cristalizar o processo expansionista, a Europa consolidou uma visão que colocou o ser humano figurativamente falando por fora da Natureza. Definiu-se a Natureza sem considerar a Humanidade como sua parte integral, desconhecendo que os seres humanos também somos Natureza. Com isso, abriu-se o caminho para dominá-la e manipulá-la.

Francis Bacon (1561-1626), célebre filósofo renascentista, resumiu esta ansiedade em uma frase, cujas consequências vivemos na atualidade, ao reivindicar que "a ciência torture a Natureza assim como faziam os inquisidores do Santo Ofício com seus réus, para conseguir revelar até o último de seus segredos".

---

5   Entre os críticos da colonialidade, destacamos Aníbal Quijano, Boaventura de Sousa Santos, José de Souza Silva, Enrique Dussel, Arturo Escobar, Edgardo Lander, Enrique Leff, Francisco López Segrera e Alejandro Moreano.

Não foi apenas Bacon. Também René Descartes (1596-1650), um dos pilares do racionalismo europeu, considerava que o universo é uma grande máquina submetida a leis. Tudo acabava reduzido a matéria e movimento. Com esta metáfora, ele fazia referências a Deus como o grande relojoeiro do mundo, encarregado não apenas de "construir" o universo, mas também de mantê-lo em funcionamento. E, ao analisar o método da incipiente ciência moderna, dizia que o ser humano deve converter-se em dono e possuidor da Natureza. Desta fonte cartesiana se nutriram outros filósofos que influenciaram o desenvolvimento das ciências, da tecnologia e das técnicas.

Esta visão de dominação tem também profundas raízes judaico-cristãs. A Bíblia contém vários trechos que exigem dos seres humanos responsabilidade com a Natureza, mas uma passagem do Gênesis (1: 26-28) estabelece:

> *E disse Deus: "Façamos o homem à nossa imagem, conforme a nossa semelhança; e domine sobre os peixes do mar, e sobre as aves dos céus, e sobre o gado, e sobre toda a terra, e sobre todo o réptil que se move sobre a terra." E criou Deus o homem à sua imagem; à imagem de Deus o criou; homem e mulher os criou. E Deus os abençoou, e Deus lhes disse: "Frutificai e multiplicai-vos, e enchei a terra, e sujeitai-a; e dominai sobre os peixes do mar e sobre as aves dos céus, e sobre todo o animal que se move sobre a terra."*

No terreno prático, Cristóvão Colombo, com sua histórica viagem, sentou as bases da dominação colonial, com consequências indubitavelmente presentes até os dias de hoje. Colombo buscava recursos naturais, especialmente especiarias, sedas, pedras preciosas e ouro. Segundo Colombo, que chegou a mencionar o metal precioso 175 vezes em seu diário de viagem, "o ouro é excelentíssimo; do ouro se faz tesouro e, com ele, quem o possui, faz o que quiser no mundo, e chega inclusive a levar as almas ao paraíso".

Colombo abriu as portas para a conquista e a colonização. Com elas, em nome do poder imperial e da fé, iniciou-se uma exploração impiedosa de recursos naturais e seres humanos, com o conseguinte genocídio de muitas populações indígenas.

O desaparecimento de povos inteiros – mão de obra barata e subjugada – foi "compensado" com a incorporação de escravos provenientes da África: escravos que logo dariam uma importante contribuição ao processo de industrialização, como reconheceria Karl Marx em 1846:

Sem a escravidão, não teríamos a indústria moderna.
Foi a escravidão que deu às colônias o seu valor,
foram as colônias que criaram o comércio mundial, é o
comércio mundial que é a condição da grande indústria.
Assim, a escravidão é uma categoria econômica da
maior importância.

Desde então, para sentar as bases do mercado global, forjou-se um esquema extrativista de exportação de Natureza nas colônias em função das demandas de acumulação do capital nos países imperiais, os atuais centros do então nascente sistema capitalista.

Simultaneamente, impôs-se o progresso tecnológico, assumido como um elemento a serviço da Humanidade. Desde então, pouco se falou sobre suas contradições: desigualdade social, degradação ambiental, desemprego e subemprego, além de outras injustiças que colocam em perigo a continuidade da vida no planeta.

Sem ignorar as vantagens que podem ser obtidas com os avanços tecnológicos, queremos superar as visões ingênuas e até mesmo simplórias com que são recebidos estes "avanços". E, sem negar os elementos positivos da ciência e da tecnologia, há que se compreender o que representam os elementos fundacionais das ideias ainda dominantes de progresso e civilização: ideias que amamentaram o desenvolvimento, convertendo-o em uma ferramenta neocolonial e imperial.

Em outra linha de análise, hoje em dia tudo indica que o crescimento material infinito poderá culminar em suicídio coletivo. Basta ver os efeitos de um maior reaquecimento da atmosfera ou da deterioração da camada de ozônio, da perda de fontes de água doce, da erosão da biodiversidade agrícola e silvestre, da degradação de solos ou da acelerada desaparição dos espaços de vida das populações tradicionais.

Portanto, tem razão o sociólogo uruguaio Eduardo Gudynas quando conclui que não existe futuro para a acumulação material mecanicista e interminável de bens, apoltronada no aproveitamento indiscriminado e crescente da Natureza.

O limite dos estilos de vida sustentados nesta visão ideológica de progresso clássico é cada vez mais notável e preocupante. A exploração dos recursos naturais não pode mais ser vista como uma condição para o crescimento econômico. Tampouco pode ser um simples objeto das políticas de desenvolvimento.

A Humanidade, não apenas nos países empobrecidos, encontra-se em uma encruzilhada. A promessa feita há mais de cinco séculos em nome do progresso – e "reciclada" há mais de seis décadas em nome do desenvolvimento – não se cumpriu. E não se cumprirá.

O desenvolvimento e seus sobrenomes

A partir da década de 1960, especialmente, apareceram posições e visões críticas ao desenvolvimento no terreno econômico, social e, mais tarde, ambiental. A América Latina contribuiu com potentes leituras contestadoras – o estruturalismo e a teoria da dependência, por exemplo.

No entanto, como já dissemos, estas posturas heterodoxas não conseguiram questionar seriamente os núcleos conceituais da ideia de desenvolvimento convencional, entendido como progresso linear e expresso em termos de crescimento econômico. Cada um desses questionamentos suscitou uma onda de revisões que não puderam somar-se e articular-se entre si. Em alguns casos, provocaram um ponto alto nas críticas e inclusive nas propostas, mas não conseguiram transformar-se em ferramenta superadora do *status quo*.

Com o crescimento da pobreza no mundo – ou seja, com o fiasco da grande teoria global do desenvolvimento –, começou-se a repensar suas ferramentas e seus indicadores, mas não seu conceito. Igualmente, foram apresentadas, uma atrás da outra, como já dissemos, teorias do desenvolvimento, em uma desenfreada corrida por oferecer ao processo um marco conceitual que permitisse sua realização. A lista de aproximações teóricas é muito longa.[6] Aqui se mencionam apenas algumas contribuições.

O conceito de "desenvolvimento humano", baseado principalmente nas ideias do economista indiano Amartya Sen, foi proposto nos anos 1990. Possibilitou a criação do Índice de Desenvolvimento Humano (IDH) das Nações Unidas, que abriu as portas à construção de indicadores de diversa índole orientados a ampliar as leituras do desenvolvimento. Apegado à proposta de Sen, o IDH busca medir o desenvolvimento de uma maneira mais complexa, entendendo-o como um processo de ampliação de oportunidades e capacidades das pessoas – e não apenas como um aumento da utilidade e da satisfação econômica. Não se contabiliza apenas o crescimento, mas também outros elementos dignos de valorização: saúde, educação, igualdade social, preservação da Natureza, igualdade de gênero etc.

Não há dúvida de que estas avaliações multicriteriais enriquecem o debate sobre a qualidade de vida e as questões ambientais. Porém, não superam as raízes predatórias e concentradoras do desenvolvimento.

Outra contribuição substantiva foi o "desenvolvimento em escala humana", dos chilenos Manfred Max-Neef, Antonio Elizalde e Martin Hopenhayn, que, em 1986, propuseram uma matriz que engloba nove necessidades humanas básicas "axiológicas": subsistência, proteção, afeto, compreensão, participação, criação, diversão, identidade e

---

6 Recomenda-se o livro de Jürgen Schuldt, *Desarrollo a escala humana y de la naturaleza* (2012), que propõe uma leitura complexa e crítica do desenvolvimento e suas limitações.

liberdade; e quatro necessidades "existenciais": ser, ter, fazer e estar. A partir da leitura desta matriz, propõe-se a construção de indicadores subjetivos que sejam capazes de permitir o diagnóstico, a planificação e a avaliação da relação entre necessidades axiológicas e existenciais.

Nesta linha de reflexão, poderíamos incorporar o "desenvolvimento sustentável", entendido como aquele que permite satisfazer as necessidades das gerações presentes sem comprometer as possibilidades das gerações futuras, para que elas, assim, tenham condições de atender a suas próprias necessidades. Este conceito desatou intensos debates, preparando o terreno para alguns indicadores e mecanismos de medição da sustentabilidade: débil, forte e, ultimamente, superforte.

Neste empenho, construíram-se outros índices, procurando revitalizar o "desenvolvimento". Por exemplo, o Índice de Capacidades Básicas, da organização Social Watch, propõe uma forma alternativa não monetária de medir pobreza e bem-estar, baseada em capacidades básicas indispensáveis para a sobrevivência e a dignidade das pessoas. O índice é calculado como a média de três indicadores: mortalidade de crianças menores de cinco anos; saúde reprodutiva ou materno-infantil, que se mede pelo número de partos atendidos pelo pessoal especializado; e educação, que se mede com uma combinação da matrícula no ensino primário, a proporção de crianças que chegam à quinta série e a taxa de alfabetização de adultos.

Outra formulação muito interessante é o Índice de Bem-Estar Econômico e Social, proposto pelos norte--americanos Herman Daily e John Cobb em 1989, que corrige o Produto Interno Bruto (PIB) por desigualdades, trabalho doméstico e depreciação do capital natural. Os parâmetros são um pouco arbitrários, apenas convencem os convencidos, mas é interessante observar que o índice mostra uma tendência à deterioração em muitos países desde 1970, justamente muitos daqueles que mostram cifras crescentes de PIB.

A felicidade também encontrou um lugar nestes esforços. O Índice do Planeta Feliz, criado pela organização britânica The New Economics Foundation, se baseia em três indicadores: esperança de vida ao nascer, satisfação com a vida (bem-estar subjetivo) e pegada ecológica. O Índice do Planeta Feliz trata de identificar como a dotação e o consumo dos recursos naturais intervêm no bem-estar das pessoas. Uma de suas mais destacadas conclusões é que não necessariamente o país com maior tendência ao consumo é o que apresenta maior bem-estar social, e que é possível ter altos níveis de bem-estar subjetivo sem excessivo consumo.[7]

Em 2008, o governo francês criou a Comissão para a Medição de Desempenho Econômico e Progresso Social, formada pelos prestigiosos economistas Joseph Stiglitz, Amartya Sen e Jean Paul Fitoussi. Esta comissão estabeleceu recomendações para construir indicadores que permitam medir o progresso social, agrupando-os em quatro grandes segmentos: bem-estar material, qualidade de vida, meio ambiente e sustentabilidade.

Só faltaria mencionar o índice de Felicidade Interna Bruta, elaborado pelo Butão, país asiático onde se fazem esforços dignos de ser conhecidos e analisados para seguir enriquecendo o debate. Aliás, por trás deste índice há toda uma concepção de vida que merece ser adequadamente compreendida, posto que estaria inspirada em conceitos que poderíamos assumir como próprios do Bem Viver.

---

7 Aqui cabem reflexões sobre a economia da felicidade. Ver, por exemplo, em Schuldt (2004). A felicidade, vista de distintas aproximações do Bem Viver, despertou muito interesse nestes últimos anos. Como exemplo, podemos mencionar o livro de Guillermo Rojas Quiceno (2013).

Antes de concluir essa brevíssima lista, não podemos deixar de dizer que os indicadores muitas vezes acabam por cercear ideias inovadoras. Assim, de alguma maneira, as Nações Unidas, ao institucionalizarem o desenvolvimento humano em um único indicador, mataram seu potencial transformador. Algo similar pode estar ocorrendo com o indicador da felicidade – e poderia acontecer também com o Bem Viver.

Todos os esforços por sustentar o conceito de desenvolvimento não renderam os frutos esperados. A confiança no desenvolvimento – enquanto processo planificado para superar o atraso – fissurou-se nas décadas de 1980 e 1990. Isso ajudou a abrir as portas às reformas de mercado de inspiração neoliberal, em que a busca pelo desenvolvimento devia dar lugar às pretensamente todo-poderosas forças do mercado. Sem a "perniciosa" ingerência do Estado, o desenvolvimento surgiria espontaneamente. O neoliberalismo, porém, não superou a teoria do progresso em suas raízes coloniais. Pelo contrário, reproduziu e reproduz uma visão rejuvenescida das velhas perspectivas hegemônicas do Norte global.

O neoliberalismo encontrou rapidamente seus limites na América Latina – muito antes do previsto por seus defensores. Uma vez mais, a partir de finais dos anos 1990, os questionamentos ao desenvolvimento convencional, sobretudo em sua vertente neoliberal, afloraram com força. As posturas neoliberais naufragaram. Seu estrondoso fracasso econômico agudizou os conflitos sociais e os problemas ambientais, exacerbando as desigualdades e as frustrações. Então, redobrou-se a busca de alternativas como reação ao reducionismo de mercado.

Apesar desses esforços de mudança e reajustes, no início do século 21 o esgotamento do desenvolvimento foi mais acelerado que nas décadas anteriores. Isso contribuiu com mudanças políticas em vários países da região, cuja expressão mais nítida foi a ascensão do "progressismo" sul-americano. Como anota Eduardo Gudynas, estes governos, sem serem conservadores ou neoliberais, não são de esquerda em sentido estrito. Por isso, seria melhor assumi-los como regimes "progressistas". Os processos são diversos, mas em todos eles se compartilha um rechaço ao reducionismo neoliberal. Busca-se o reencontro com os setores populares, a defesa do protagonismo do Estado e ações mais enérgicas para reduzir a pobreza.

Alguns países latino-americanos começaram a transitar paulatinamente por uma trilha pós-neoliberal, em que se destaca o retorno do Estado ao manejo econômico. No entanto, as mudanças em andamento não são compatíveis com um processo pós-desenvolvimentista e pós-capitalista. Tampouco são suficientes para deixar definitivamente no passado o neoliberalismo. Mantém-se a modalidade de acumulação de origem colonial, dominante durante toda a época republicana, com um trânsito do extrativismo tradicional a um neoextrativismo.[8] O núcleo básico desenvolvimentista persiste no século 21.

Será possível escaparmos do fantasma do desenvolvimento? A grande tarefa, sem dúvida, é construir não apenas novas utopias, mas também a possibilidade de imaginá-las,

---

8 Recorrendo-se às palavras de Eduardo Gudynas, "utiliza-se o rótulo de extrativismo no sentido amplo para as atividades que removem grandes volumes de recursos naturais, que não são processados (ou que o são limitadamente) e passam a ser exportados".

tendo o pós-capitalismo – e não apenas o pós-neoliberalismo – como o horizonte.

Neste contexto de críticas e construções alternativas, os povos indígenas ganharam protagonismo. Suas ideias incluem questionamentos práticos e conceituais ao desenvolvimento. Mesmo tendo sido invisibilizados, marginalizados ou abertamente combatidos, seus valores, experiências e práticas atravessaram toda a Conquista, a Colônia e a República. E continuam presentes, com força renovada.

As propostas originárias emergiram em um momento de crise generalizada do Estado-nação, oligárquico e de raiz colonial, graças à crescente capacidade organizativa e programática dos movimentos indígenas e populares. Sua irrupção como vigorosos sujeitos políticos explica a emergência das ideias paradigmáticas do Bem Viver. Neste cenário também começaram a se consolidar os questionamentos e as alternativas ecologistas, muitas delas em linha com a visão das harmonias com a Natureza que caracteriza o Bem Viver.

É importante ressaltar que em toda a Amazônia, e não apenas nas regiões andinas, há grupos indígenas que mantêm relações harmoniosas com a Natureza e, por certo, dentro de suas comunidades. Estas vivências tampouco se circunscrevem às regiões amazônicas de Equador e Bolívia. Aqui há um enorme potencial que deve ser explorado e aproveitado.

A comunidade indígena, em termos amplos, tem um projeto coletivo futuro. A utopia andina e amazônica se manifesta no discurso indígena, em seus projetos políticos e em suas práticas sociais e culturais, inclusive econômicas. Estas visões, como explicaremos adiante, não são excludentes, já que reconhecem as contribuições dos diferentes grupos sociais, mas conferem um peso específico fundamental à singularidade cultural destes grupos sociais periféricos e marginalizados pela Modernidade.

Quando falamos do Bem Viver, propomos, primeiramente, uma reconstrução utópica do futuro a partir da visão andina e amazônica. No entanto, esta aproximação não pode ser excludente ou produzir visões dogmáticas. Deve complementar-se e ampliar-se, necessariamente, incorporando outros discursos e outras propostas provenientes de diversas regiões do planeta espiritualmente aparentadas em sua luta por uma transformação civilizatória.

4. O Bem Viver: uma alternativa ao desenvolvimento

Ditosa idade e afortunados séculos aqueles a que os antigos puseram o nome de dourados, não porque nesses tempos o ouro (que nesta idade de ferro tanto se estima!) se alcançasse sem fadiga alguma, mas sim porque então se ignoravam as palavras teu e meu.
Dom Quixote de la Mancha

Estabelecemos desde o início que o Bem Viver não sintetiza nenhuma proposta totalmente elaborada, menos ainda indiscutível. O Bem Viver não pretende assumir o papel de um imperativo global, como sucedeu com o desenvolvimento em meados do século 20. O Bem Viver é, por um lado, um caminho que deve ser imaginado para ser construído, mas que, por outro, já é uma realidade.

O Bem Viver será, então, uma tarefa de (re)construção que passa por desarmar a meta universal do progresso em sua versão produtivista e do desenvolvimento enquanto direção única, sobretudo em sua visão mecanicista do crescimento econômico e seus múltiplos sinônimos.

O Bem Viver apresenta-se como uma oportunidade para construir coletivamente novas formas de vida. Não se trata simplesmente de um receituário materializado em alguns artigos constitucionais, como no caso do Equador e da Bolívia. Tampouco é a simples soma de algumas práticas isoladas e, menos ainda, de alguns bons desejos de quem trata de interpretar o Bem Viver à sua maneira.

O Bem Viver deve ser considerado parte de uma longa busca de alternativas de vida forjadas no calor das lutas populares, particularmente dos povos e nacionalidades indígenas. São ideias surgidas de grupos tradicionalmente marginalizados, excluídos, explorados e até mesmo dizimados. São propostas invisibilizadas por muito tempo, que agora convidam a romper radicalmente com conceitos assumidos como indiscutíveis. Estas visões pós-desenvolvimentistas superam as correntes heterodoxas, que na realidade miravam a "desenvolvimentos alternativos", quando é cada vez mais necessário criar "alternativas de desenvolvimento". É disso que se trata o Bem Viver.

O Bem Viver na utopia indígena

O Bem Viver, enquanto soma de práticas de resistência ao colonialismo e às suas sequelas, é ainda um modo de vida em várias comunidades indígenas que não foram totalmente absorvidas pela Modernidade capitalista ou que resolveram manter-se à margem dela.

Esta constatação descarta logo de cara que o mundo indígena não tenha sido vítima da Conquista e da Colônia — processos de exploração e repressão da longa noite colonial que se projeta até nossos dias republicanos. A influência colonial e capitalista está presente no mundo indígena de múltiplas formas, o que impede visões românticas de sua realidade. Crescentes segmentos da população indígena foram absorvidos pela lógica da monetarização própria do mercado capitalista. Há grupos indígenas em situações de grande precariedade, presos pelo mito do progresso — que, objetivamente falando, jamais será alcançado. E, claro, na medida em que se aprofundam as migrações do campo à cidade, se aprofunda o desenraizamento dos indígenas urbanos, que paulatinamente vão se distanciando de suas tradicionais comunidades estendidas.

O que interessa, portanto, é recuperar algumas experiências e lições desse mundo marginalizado, ao que ainda hoje se nega a possibilidade de contribuir conceitualmente. Alguns saberes indígenas não possuem uma ideia análoga à de desenvolvimento: não existe a concepção de um processo linear de vida que estabeleça um estado anterior e outro posterior, a saber, de subdesenvolvimento e desenvolvimento, dicotomia pela qual deveriam transitar as sociedades para a obtenção do bem-estar, como ocorre no mundo ocidental. Tampouco existem conceitos de riqueza e pobreza, determinados, respectivamente, pela acumulação e pela carência de bens materiais.

O Bem Viver deve ser assumido como uma categoria em permanente construção e reprodução. Enquanto proposta holística, é preciso compreender a diversidade de elementos a que estão condicionadas as ações humanas que propiciam o Bem Viver: o conhecimento, os códigos de conduta ética e espiritual em relação ao entorno, os valores humanos, a visão de futuro, entre outros. O Bem Viver, definitivamente, como sugere o antropólogo equatoriano Viteri Gualinga, constitui uma categoria central da filosofia de vida das sociedades indígenas.[9]

Nesta perspectiva, o desenvolvimento convencional tem sido visto como uma imposição cultural herdeira do saber ocidental – e, portanto, colonial. Daí se conclui que

---

[9] Normalmente há poucos textos no mundo indígena – o que é compreensível, tratando-se de culturas orais. No entanto, é interessante destacar alguns trabalhos, além do já mencionado Viteri Gualinga, como os de Roca C. Vacacela Quishpe ou as compilações realizadas por Antonio Luis Hidalgo-Capitán, que recolhem contribuições indígenas e algumas leituras do debate a partir de visões indígenas.

muitas das reações à colonialidade impliquem um distanciamento do desenvolvimentismo. O Bem Viver, assim, se traduz em uma tarefa descolonizadora. Além disso, também deveria ser despatriarcalizadora.[10] Para cumpri-la, será particularmente necessário um processo de descolonização intelectual nos âmbitos político, social, econômico e, claro, cultural.

> **O Bem Viver propõe uma cosmovisão diferente da ocidental, posto que surge de raízes comunitárias não capitalistas. Rompe igualmente com as lógicas antropocêntricas do capitalismo enquanto civilização dominante e com os diversos socialismos reais que existiram até agora – que deverão ser repensados a partir de posturas sociobiocêntricas e que não serão atualizados simplesmente mudando seus sobrenomes. Não esqueçamos que socialistas e capitalistas de todos os tipos se enfrentaram e ainda se enfrentam no quadrilátero do desenvolvimento e do progresso.**

10 Há que reconhecer que em muitas culturas indígenas as características patriarcais e machistas estão profundamente enraizadas. Uma discussão interessante sobre a ordem de gênero e o *sumak kawsay* nos oferece Silvia Vega Ugalde (2014).

O esforço fundamental radica em superar o sistema capitalista enquanto "civilização da desigualdade", como define o austríaco Joseph Schumpeter, e sobretudo enquanto sistema essencialmente predatório e explorador. Este é um sistema que "vive de sufocar a vida e o mundo da vida", como afirmava o filósofo equatoriano Bolívar Echeverría.

O Bem Viver, em suma, ao propor a superação do capitalismo, inscreve-se na linha de uma mudança civilizatória. Mas, como já se anotou, não implica que primeiro se deva sair do capitalismo para só então impulsioná-lo. As múltiplas vivências próprias do Bem Viver subsistem desde a época colonial.

O Bem Viver, uma proposta da periferia

O Bem Viver é um processo em construção e reconstrução que encerra processos histórico-sociais de povos permanentemente marginalizados. Esta proposta não pode ser vista só como uma alternativa ao desenvolvimento economicista. Tampouco é um simples convite a retroceder no tempo e reencontrar-se com um mundo idílico, inexistente por definição. E não pode transformar-se em uma sorte de religião com seu catecismo, seus manuais e seus comissários políticos.

Esta proposta reivindica o passado e o presente dos povos e nacionalidades indígenas. É, em essência, parte de um processo sustentado no princípio de continuidade histórica. O Bem Viver, então, nos dizeres do sociólogo argentino Héctor Alimonda, aparece ancorado "no legado dos povos andinos, em suas práticas cotidianas, em sua sabedoria prática". Nutre-se dos aprendizados, das experiências e dos conhecimentos das comunidades indígenas, assim como de suas diversas formas de produzir conhecimentos. Seu ponto de partida são as distintas maneiras de ver a vida e sua relação com a *Pacha Mama*. Aceita como eixo aglutinador a relacionalidade e a complementariedade entre todos os seres vivos – humanos e não humanos.

Forja-se nos princípios de interculturalidade. Vive nas práticas econômicas e solidárias. E, por estar imerso na busca e na construção de alternativas pelos setores populares e marginalizados, terá de se construir sobretudo a partir de baixo e a partir de dentro, com lógicas democráticas de enraizamento comunitário.

José María Tortosa descreve de maneira acertada:

> *A ideia do* sumak kawsay *ou* suma qamaña *nasce na periferia social da periferia mundial e não contém os elementos enganosos do desenvolvimento convencional. (...) A ideia provém do vocabulário de povos outrora totalmente marginalizados, excluídos de respeitabilidade e cuja língua era considerada inferior, inculta, incapaz de pensamento abstrato, primitiva. Agora, seu vocabulário faz parte de duas constituições.*

O filósofo equatoriano David Cortez complexifica esta inteligente visão quando reconhece que

> *a disputa pela apropriação do conceito segundo os interesses de cada um dos atores sociais mostra a heterogeneidade do debate. (...) Os acadêmicos concentrados no tema se dividiram em diversas visões: uns promulgam o* Buen Vivir *como uma alternativa ao desenvolvimento, outros manifestam a presença de uma nova teoria do desenvolvimento; segundo estes, a proposta do* sumak kawsay *se sustentaria sobre os fundamentos do desenvolvimento e serviria como ferramenta para reafirmar, fortalecer e refrescar o capitalismo e, consigo, o desenvolvimento.*

É verdade que na Constituição equatoriana se tensionam estes dois conceitos – desenvolvimento e *Buen Vivir* –, mas não é menos verdade que os debates na Assembleia Constituinte, que, de alguma maneira, ainda continuam, foram posicionando a tese do *Buen Vivir* como alternativa ao desenvolvimento. No entanto, deve ficar claro que o governo equatoriano utilizou o *Buen Vivir* como um slogan para propiciar uma espécie de retorno ao desenvolvimentismo.[11]

As expressões mais conhecidas do Bem Viver remetem a idiomas originários de Equador e Bolívia: no primeiro caso é *Buen Vivir* ou *sumak kawsay*, em kíchwa, e no segundo, *Vivir Bien* ou *suma qamaña*, em aymara, além de aparecer também como *nhandereko*, em guarani.[12] Existem noções similares entre outros povos indígenas, como os mapuches do Chile, os kunas do Panamá, os shuar e os achuar da Amazônia equatoriana, e nas tradições maias da Guatemala e de Chiapas, no México.

O Bem Viver não nega a existência de conflitos, mas também não os exacerba, pois não pretende que a sociedade se organize em torno da acumulação permanente e

---

11 Concordamos que as discussões que ocorreram na Assembleia Constituinte do Equador foram complicadas e que, em alguns momentos, primava a ideia de elaborar uma alternativa *de* desenvolvimento e não necessariamente uma alternativa *ao* desenvolvimento, como se observa no livro sobre este tema de Alberto Acosta e Esperanza Martínez, *Buen Vivir – Una vía para el desarrollo* (2009), cujo título apresenta o *Buen Vivir* ainda como uma alternativa de desenvolvimento.

12 É importante ressaltar que as traduções destes termos não são simples e tampouco isentas de controvérsia. Na atualidade, estão em voga descrições e definições diversas e inclusive contraditórias. Entre muitas contribuições sobre o tema, que não se aborda neste trabalho, há reflexões interessantes da comunidade Sarayaku, na província de Pastaza, Equador, onde se elaborou um interessante "plano de vida" que sintetiza princípios fundamentais do Bem Viver.

desigual dos bens materiais, movida por uma interminável competição entre seres humanos que se apropriam destrutivamente da Natureza. Os seres humanos não podem ser vistos como uma ameaça ou como sujeitos a serem vencidos e derrotados. E a Natureza não pode ser entendida apenas como uma massa de recursos a ser explorada. Estes são pontos medulares.

O Bem Viver, como alternativa ao desenvolvimento, é uma proposta civilizatória que reconfigura um horizonte de superação do capitalismo. Isso não significa – como disse Mónica Chuji, indígena e ex-deputada constituinte de Montecristi – "um retorno ao passado, à idade da pedra ou à época das cavernas", e tampouco uma negação à tecnologia ou ao saber moderno, "como argumentam os promotores do capitalismo".

José María Tortosa vai além ao sintetizar que "o Bem Viver [é] uma oportunidade para construir outra sociedade, sustentada em uma convivência cidadã em diversidade e harmonia com a Natureza, a partir do conhecimento dos diversos povos culturais existentes no país e no mundo". E isso significa, conclui o sociólogo português Boaventura de Sousa Santos, que o Bem Viver é "um conceito de comunidade onde ninguém pode ganhar se seu vizinho não ganha. A concepção capitalista é exatamente oposta: para que eu ganhe, o resto do mundo tem que perder".

Como anotamos anteriormente, o Bem Viver recolhe o melhor das práticas, das sabedorias, das experiências e dos conhecimentos dos povos e nacionalidades indígenas. O Bem Viver é, então, a essência da filosofia indígena ou nativa, em sentido amplo, pois se aplica a tudo aquilo que é relativo a uma população originária no território em que habita. Pretende, definitivamente, conhecer as civilizações detentoras de tradições organizativas anteriores à aparição do Estado moderno e que representam culturas que sobreviveram e sobrevivem à expansão colonizadora da civilização ocidental. O Bem Viver, porém, não pode excluir possíveis contribuições da vida comunitária não indígena que encontrou formas de sobrevivência dentro dos próprios sistemas dominantes de uma colonização que já dura mais de quinhentos anos.

Trata-se de construir uma vida em harmonia dos seres humanos consigo mesmos, com seus congêneres e com a Natureza, vivendo em comunidade. Nas palavras de David Cortez, isso significa que

> o sumak kawsay *das tradições indígenas se distancia de conceitos ocidentais que concebem o surgimento da vida política a partir de uma ruptura inicial ou da separação ontológica em relação à Natureza. Dito de outra maneira, o Bem Viver não concorda com o princípio da desnaturalização das realidades humanas como base do ordenamento político (...) a mudança do paradigma capitalista ao do* sumak kawsay *ou* Buen Vivir *como alternativa ao desenvolvimento ainda não tem pontes, pautas ou processos que permitam a transição de um a outro. Ademais, os processos de mudança não são de curto prazo, mas de tempos e espaços longos (anos, décadas ou séculos).*

Em uma concepção andina e kíchwa da "vida que se manteve vigente em muitas comunidades indígenas até a atualidade, *sumak* significa o ideal, o belo, o bom, a realização; e *kawsay* é a vida, em referência a uma vida digna, em harmonia, equilíbrio com o universo e o ser humano", explica o escritor equatoriano Ariruma Kowii. O filósofo boliviano Fernando Huanacuni menciona que, em aymara, "*suma* faz referência à plenitude, ao sublime; e *qamaña*, à vida, ao viver, ao conviver e ao estar".

Da leitura dos significados da *chakana*, a cruz

andina ou cruz sagrada, também podemos extrair valiosas lições para compreender o significado da unidade na diversidade, que mantém uma permanente tensão de reciprocidade, complementariedade, relacionalidade e correspondência entre os distintos componentes da vida.

Seguindo com as reflexões de Cortez, a conjugação destes termos – *sumak kawsay* e *suma qamaña* – permite as seguintes expressões: *Buen Vivir*, *Vivir Bien*, saber viver, saber conviver, viver em equilíbrio e harmonia, respeitar a vida, vida em plenitude, vida plena. "O *sumak kawsay*, no que se refere às tradições indígenas andinas e amazônicas, tem a forma de um conceito holístico porque compreende a vida humana como parte de uma realidade vital maior de caráter cósmico cujo princípio básico é a relacionalidade do todo", explica.

É interessante reconhecer que, nas comunidades e *ayllus*[13] em muitas partes da região andina e amazônica, o *sumak kawsay* é uma expressão pouco utilizada para descrever um estilo e estado de vida. Emprega-se mais o *allí kawsay*, enunciado de vida com elementos qualitativos subjetivos (bom, tranquilidade, amor, felicidade) e materiais (casa, dinheiro).

Em síntese, os conceitos de *sumak kawsay*, *allí kawsay* e *Buen Vivir* ou *Vivir Bien* são compreendidos em diferentes enfoques e visões. Não existe uma tradução precisa de um idioma ao outro, o que impede encontrar sinônimos corretos,

---

13 Conjunto de famílias aparentadas por consanguinidade e afinidade.

**mas permite encontrar equiva-
lências. A homogeneização
e a sobreposição de um conceito
restringe as visões e as com-
preensões dos demais. Apesar
disso, o núcleo dos debates
encerra a dimensão holística de
ver a vida e a *Pacha Mama* em
relação e complementariedade
uns com os outros.**

O antropólogo colombiano Arturo Escobar, assim como Tortosa, destaca o que representa a inclusão da *Pacha Mama* em uma Constituição:

> *É uma presença diferente que altera fundamentalmente o sentido do desenvolvimento e do Estado (...) porque semelhante pressuposto é historicamente impensável dentro de uma perspectiva moderna. Que este artigo apareça na Constituição equatoriana é um evento político-epistêmico que revolve a história moderna e os políticos que a habitam – incluindo as esquerdas – porque desafia o liberalismo, o Estado e o Capital. Ambas ideias – os Direitos da* Pacha Mama *e o* Buen Vivir *– se baseiam em noções de vida em que todos os seres (humanos e não humanos) existem sempre na relação entre sujeitos, não entre sujeitos e objetos, e de nenhuma maneira individualmente.*

Com o Bem Viver e sua visão de harmonias múltiplas não se defende uma opção milenarista, carente de conflitos. Mas, quando se propõe a busca de uma sociedade orientada pelas harmonias, não se exacerbam os conflitos, como sucede com as visões do liberalismo econômico, baseadas na acumulação e na competição dos indivíduos agindo egoisticamente.

No mundo capitalista, o funcionamento da economia e da própria sociedade se baseia na premissa de que o melhor nível social possível se alcança deixando em liberdade (valor fundamental) cada indivíduo na busca da realização pessoal (a negação do outro) em um ambiente de competição (mercado) a partir da defesa irrestrita da propriedade privada. Esta realidade de soberanias autossuficientes, sustentada no individualismo – fundado no paradigma do "eu-sem-nós", como afirma o economista brasileiro Marcos Arruda – e na propriedade privada dos meios de produção, geraria uma ordem cósmica autorregulada, onde se desenvolvem os indivíduos isolados. E esta ordem das coisas terminaria por conduzir-nos ao desenvolvimento.

Este pretenso processo autorregulado é inviável sob qualquer ponto de vista. Basta ver a situação atual do mundo: os limites ambientais têm sido perigosamente superados e as desigualdades sociais estouram por todos os lados com diversas manifestações de violência. No entanto, de alguma maneira, este sistema está autoprotegido pela força ideológica de sua imposição e pela força dos poderosos que não estão dispostos a aceitar as falhas estruturais do capitalismo – já que seguem lucrando inclusive em meio à crise econômica e ambiental. Por isso, não faltam vozes que ainda reclamam um aprofundamento do capitalismo para resolver os problemas do mundo.

Há que considerar, então, que a ideia uniformizadora do desenvolvimento é uma armadilha. Em 1982, Wolfgang Sachs já havia apresentado

> *a suspeita de que o desenvolvimento foi um empreendimento*
> *mal concebido desde o começo. Na verdade, não é o fracasso*

do desenvolvimento que devemos temer, mas seu êxito.
Como seria um mundo completamente desenvolvido?
Não sabemos, mas certamente seria monótono e repleto de
perigos. Posto que o desenvolvimento não pode ser separado
da ideia de que todos os povos do planeta estão se movendo
em um mesmo caminho rumo a um estágio de maturidade,
exemplificado pelas nações que conduzem essa visão, os
tuaregues, os zapotecos ou os rajastães não são vistos como
se vivessem modos diversos e não comparáveis de existência
humana, mas como povos carentes do que foi obtido pelos
países avançados. Em consequência, decretou-se que
alcançá-los seria sua tarefa histórica. Desde o começo,
a agenda secreta do desenvolvimento não era nada mais
que a ocidentalização do mundo.

O resultado tem sido uma tremenda perda de
diversidade. A simplificação planetária da arquitetura,
da indumentária e dos objetos da vida diária salta aos
olhos; o eclipsamento paralelo de linguagens, costumes e gestos diversificados, porém, é menos visí-
vel; e a homogeneização de desejos e sonhos ocorre
profundamente no subconsciente das sociedades.
O mercado, o Estado e a ciência têm sido as grandes
potências universalizantes: publicistas, especialistas e
educadores foram implacáveis em expandir seu reino. Naturalmente, como nos tempos do líder asteca
Montezuma, os conquistadores com frequência foram
calidamente recebidos, mas só para logo fazerem sentir
sua dominação. O espaço mental em que as gentes
sonham e atuam está ocupado hoje em grande medida
pelo imaginário ocidental. Os vastos sulcos da mono-
tonia cultural que herdamos são, como em toda mono-
cultura, tanto estéreis quanto perigosos. Eliminaram as
inúmeras variedades de seres humanos e converteram

o mundo em um lugar desprovido de aventura e surpresa. O "outro" desapareceu com o desenvolvimento.

Se o desenvolvimento trata de "ocidentalizar" a vida no planeta, o Bem Viver resgata as diversidades, valoriza e respeita o "outro". O Bem Viver emerge como parte de um processo que permitiu empreender e fortalecer a luta pela reivindicação dos povos e nacionalidades, em sintonia com as ações de resistência e construção de amplos segmentos de populações marginalizadas e periféricas. Em conclusão, o Bem Viver é eminentemente subversivo. Propõe saídas descolonizadoras em todos os âmbitos da vida humana. O Bem Viver não é um simples conceito. É uma vivência.

O Bem Viver supera a filosofia de vida individualista própria do liberalismo, que pôde ser transformadora enquanto servia para enfrentar o Estado autoritário do mercantilismo, mas que agora constitui as bases ideológicas do capitalismo. Com o Bem Viver, não se pretende negar o indivíduo, nem a diversidade dos indivíduos, muito menos a igualdade ou a liberdade. Pelo contrário. Trata-se de impulsionar uma vida em harmonia dos indivíduos em comunidade como parte da Natureza.

Nesta perspectiva, o Bem Viver se transforma em ponto de partida, caminho e horizonte para desconstruir a matriz colonial que desconhece a diversidade cultural, ecológica e política. Nesta linha de reflexão, a proposta do Bem Viver critica o Estado monocultural; a deterioração da qualidade de vida, que se materializa em crises econômicas e ambientais; a economia capitalista de mercado; a perda de soberania em todos os âmbitos; a marginalização, a discriminação, a pobreza, as deploráveis condições de vida da maioria da população, as iniquidades. Igualmente, questiona visões ideológicas que se nutrem das matrizes coloniais do extrativismo e da evangelização imposta a sangue e fogo.

O Bem Viver supõe uma visão holística e integradora do ser humano imerso na grande comunidade da *Pacha Mama*. Não se trata de "viver melhor", supondo diferenças que, no fim das contas, conduzem a que poucos vivam às custas do sacrifício de muitos. Nas palavras do jornalista Pablo Stefanoni, "a questão se complexifica, sem dúvida, quando este 'viver bem' – que seria não desenvolvimentista, não consumista e inclusive não moderno-ocidental – é confrontado ao 'viver melhor', que implicaria, pelo capitalismo, que outros vivam pior".

O Bem Viver não se sustenta na ética do progresso material ilimitado, entendido como acumulação permanente de bens, e que nos convoca permanentemente a uma competição entre seres humanos com a consequente devastação social e ambiental. O Bem Viver, em resumo, aponta a uma ética da suficiência para toda a comunidade, e não somente para o indivíduo.[14]

Sua preocupação central, portanto, não é acumular para então viver melhor. Do que se trata é de viver bem aqui e agora, sem colocar em risco a vida das próximas gerações. Para consegui-lo, há que se desmontar os privilégios existentes e as enormes brechas entre os que têm tudo e os que não têm nada. Isso exige distribuir e redistribuir agora a riqueza e a renda para começar a sentar as bases de uma sociedade mais justa e equitativa, ou seja, mais livre e igualitária. Caso contrário, não há como sustentar a sobrevivência ou a reconstrução ou a própria construção das comunidades.

O Bem Viver em outras visões civilizatórias

Como já mencionamos, o Bem Viver integra (ou, ao menos, deveria integrar) também diferentes visões humanistas e anti-utilitaristas provenientes de outras latitudes. Enquanto cultura da vida, com diversos nomes e variedades, tem sido conhecido e praticado em distintos períodos e em diferentes regiões da Mãe Terra: por exemplo, o *ubuntu*, na África do Sul, e o *svadeshi*, *swaraj* e *apargrama*, na Índia. Neste esforço coletivo por (re)construir um quebra-cabeças de elementos sustentadores de novas formas de organizar a vida, poderíamos recuperar inclusive alguns elementos da "vida boa" de Aristóteles – embora o filósofo grego também possa ser considerado um dos pilares da questionada civilização ocidental.

Por isso, para prevenir a construção de um único e indiscutível conceito, também seria melhor falar em "bons

---

14 As reflexões sobre a suficiência ecoam em outras regiões. Na Alemanha, por exemplo, Niko Paech, Börjn Paech, Christa Müller, Oliver Stengel, Silke Kleinhückelkotten, entre outros, discutem a questão.

viveres" ou "bons conviveres", em linha com a reflexão do filósofo boliviano Xavier Albó. Ou seja, bons conviveres dos seres humanos na comunidade, bons conviveres das comunidades com outras comunidades, bons conviveres de indivíduos e comunidades na e com a Natureza.

Mas o ponto de partida radica em uma rigorosa investigação dos casos de Bem Viver, sobretudo práticas que perduram até agora ou que podem ser recuperadas em sua história. Estes casos são especialmente importantes se se considera que muitas dessas experiências sobreviveram a séculos de colonização e marginalização. Em paralelo, é recomendável aprender daquelas histórias trágicas de culturas desaparecidas, como sugere o biólogo norte-americano Jared Diamond. Há como obter soluções inovadoras para os atuais desafios sociais e ecológicos tanto dessas histórias como dos processos ainda abertos.

Trata-se, definitivamente, de questionar a tentativa falida de impulsionar "o desenvolvimento" como imperativo global e caminho unilinear, procurando não mais propor alternativas *de* desenvolvimento, mas alternativas *ao* desenvolvimento. Nesta linha de reflexão, poderíamos começar mencionando as necessidades de mudança na lógica do desenvolvimento, cada vez mais urgentes, propostas por vários pensadores, como Mahatma Gandhi[15]

15 Gandhi contribuiu com valiosas reflexões para a construção de sociedades sustentadas em suas próprias capacidades. Seus ensinamentos constituem a base de uma estratégia econômica e política para colocar fim à dominação do império britânico na Índia e melhorar suas condições econômicas por meio dos princípios do *svadeshi* ou autossuficiência.

e Iván Illich[16], entre muitos outros.[17] Seus questionamentos nutrem-se de uma ampla gama de visões, experiências e propostas extraídas de diversas partes do planeta, inclusive algumas que nascem das mesmas raízes da civilização ocidental.

Muitos destes pensadores são conscientes, aliás, de nossos limites biofísicos. Portanto, seus argumentos prioritários são um convite a não cair na armadilha de um conceito de "desenvolvimento sustentável" ou "capitalismo verde" que não afete o processo de revalorização do capital – ou seja, o capitalismo. O mercantilismo ambiental, exacerbado há várias décadas, não contribuiu para melhorar a situação: tem sido apenas uma espécie de maquiagem desimportante e distrativa. Também devemos estar atentos aos riscos de uma confiança desmedida na ciência, na técnica.

Por isso é que desde inícios do século 21 se reforçam muitas e diferentes contestações ao desenvolvimento e ao progresso, provenientes de outras leituras e de outras realidades. Destacam-se os alertas sobre a deterioração ambiental ocasionada pelos padrões de consumo ocidental, e os crescentes sinais de esgotamento ecológico do planeta. A Mãe Terra não tem capacidade de absorção e resiliência

---

16 Pensador e visionário austríaco, Illich elaborou potentes reflexões para repensar o mundo. Entre elas, destacamos seus livros *La sociedad desescolarizada*, *La convivencialidad* e *Energía y equidad*.

17 Poderíamos citar Nicholas Georgescu-Roegen, José Carlos Mariátegui, Celso Furtado, André Gunder Franck, Manuel Sacristán, Ernest Friedrich Schumacher, Arnes Naess, Samir Amin, Enrique Leff, Wolfgang Sachs, Aníbal Quijano, Herman Daly, Vandana Shiva, José María Tortosa, Jürgen Schuldt, Eduardo Gudynas, Joan Martínez Alier, Manuel Naredo, Arturo Escobar, Roberto Guimarães, José Luis Coraggio, Manfred Max-Neef, Antonio Elizalde, Edgardo Lander, Enrique Leff, Gustavo Esteva, Francois Houtart, Ana Esther Ceceña, Víctor Bretón, Cristóbal Kay, Theotonio dos Santos, Raúl Prada Alcoreza, Luis Tapia, Oscar Vega Camacho, Héctor Alimonda e Serge Latouche.

para que todos desfrutem do consumismo e do produtivismo próprios dos países industrializados. Os conceitos de desenvolvimento e de progresso convencionais não brindam respostas adequadas a estes problemas. Aqui há um ponto de encontro com as cosmovisões indígenas, em que os seres humanos não apenas convivem com a Natureza de maneira harmoniosa, mas formam parte dela e, em última instância, são a Natureza.

Disso podemos concluir que tampouco existe uma visão única de Bem Viver. O Bem Viver não sintetiza uma proposta monocultural: é um conceito plural – bons conviveres, como já anotamos – que surge das comunidades indígenas, sem negar as vantagens tecnológicas do mundo moderno nem as contribuições de outras culturas e saberes que questionam distintos pressupostos da Modernidade.

O que estamos expondo demanda uma "epistemologia do Sul", como escreveu Boaventura de Sousa Santos, para dar o valor que lhes corresponde às práticas cognitivas destes grupos tradicionalmente marginalizados. Por esta razão, com este conceito de Bem Viver, nas palavras de María Esther Ceceña, estamos diante de

> *uma revolta contra a individualidade, contra a fragmentação e contra a perda de sentidos que reivindica uma territorialidade comunitária não saqueadora, recuperadora de tradições e potencializadora de imaginários utópicos que sacodem todas as percepções da realidade e da história, e conduzem a um mundo em que cabem todos os mundos. Os referenciais epistemológicos colocados pela Modernidade como universais são deslocados, e as interpretações se multiplicam na busca de projetos de futuro sustentáveis, dignos e libertários.*

5. Riscos e ameaças ao Bem Viver

Quem luta para tomar esse poder adquire fatalmente o vírus de dominar e controlar — e o aplica sem pudor sobre seus próprios companheiros de luta, posto que todos os meios servem para seus "altos fins" e os rivais podem constituir um obstáculo para alcançá-los.

Gustavo Esteva

O Bem Viver tem sido alvo de diversas interpretações. Desde o debate constituinte de Montecristi, no Equador, primaram, inclusive entre os deputados governistas, o desconhecimento e o temor em relação à proposta. Mais que isso, muitas pessoas que alentaram essa mudança constitucional, dentro e fora da Assembleia Constituinte, não tinham muita clareza sobre a transcendência do conceito.

Já dissemos, o Bem Viver, além de uma declaração constitucional, significa uma oportunidade para construir coletivamente uma nova forma de organizar a própria vida. Portanto, o verdadeiro debate deve dar-se na sociedade. E deve-se compreender o alcance que representa esse importante passo qualitativo, que deixa para trás o "desenvolvimento" e seus múltiplos sinônimos para investir em uma visão diferente.

É óbvio que uma cosmovisão dessemelhante à ocidental, que surge de raízes comunitárias e não capitalistas, existentes não apenas no mundo andino e amazônico, provoca conflitos e rupturas. Rompe igualmente com as lógicas antropocêntricas do capitalismo e dos diversos socialismos que existiram até agora. O Bem Viver, como anotamos, nos ordena a dissolver os tradicionais conceitos de progresso, em sua derivação produtivista, e de desenvolvimento, enquanto direção única, sobretudo com sua visão mecanicista do crescimento econômico.

Confusões espreitam por todos os lados

Para começar, não se pode confundir os conceitos de Bem Viver com o de "viver melhor", que supõe uma opção de progresso material ilimitado. "Viver melhor" nos incita a uma competição permanente com nossos semelhantes para produzir mais e mais, em um processo de acumulação material sem fim. Esse "viver melhor" incentiva a disputa, não a harmonia. Recordemos que, para que alguns possam "viver melhor", milhões de pessoas tiveram e têm de "viver mal". O Bem Viver não se trata simplesmente de um novo processo de exponencial e contínua acumulação material.

Necessitamos respostas políticas que possibilitem a "cultura do estar em harmonia", e não a "civilização do viver melhor", como esclarece o jurista equatoriano Atawallpa Oviedo Freire. Trata-se de construir uma sociedade solidária e sustentável, com instituições que assegurem a vida. O Bem Viver, repitamos, sinaliza uma ética da suficiência para toda a comunidade, e não somente para o indivíduo.

Seu uso como noção simplista, carente de significado, é uma das maiores ameaças

ao conceito. As definições interesseiras e acomodadas desconhecem que o Bem Viver emergiu das culturas tradicionais. Essa tendência – bastante generalizada em diversos âmbitos governamentais do Equador e também da Bolívia – poderia desembocar em uma versão *new age* do Bem Viver, que o transformaria em mais uma das tantas modas que aparecem por aí. Nesta trilha, o Bem Viver poderia tornar-se um novo sobrenome do desenvolvimento: o desenvolvimento do bem viver... Ademais, esse "bem viver" se converteria em um simples dispositivo de poder, que serve para controlar e domesticar as sociedades.

O ato de dogmatizar e imaginar o Bem Viver a partir de visões "teóricas" inspiradas em ilusões ou utopias pessoais poderia igualmente acabar reproduzindo delírios civilizatórios e inclusive colonizadores. Quando o Bem Viver se torne esquivo, sobretudo por estar mal concebido na prática governamental, podemos chegar ao ponto de colocar sobrenomes ao Bem Viver (Bem Viver sustentável?, Bem Viver com igualdade de gênero?, Bem Viver endógeno?), tal como fizemos com o desenvolvimento quando quisemos diferenciá-lo daquilo que nos incomodava.

A via do sincretismo também é arriscada, pois poderia construir híbridos inúteis em vez de novas opções de vida. Assumir o Bem Viver simplesmente como um slogan político pode conduzir a seu debilitamento conceitual, caso não se consiga esclarecer o que realmente representa essa proposta de mudança civilizatória. Na Alemanha, por exemplo, o governo da chanceler Angela Merkel impulsiona uma campanha para discutir o Bem Viver ou *Gutes Leben*, uma confusa enteléquia de visões que poderiam ser assimiladas como tentativa de remoçar o Estado de bem-estar social, sobretudo assegurando uma ampla oferta de bens e serviços.[18]

Isso não está longe do que propõe o governo do presidente equatoriano Rafael Correa quando se refere ao *Buen Vivir*. Floresmilo Simbaña, dirigente da Confederação de Nacionalidades Indígenas do Equador, é categórico sobre o assunto: "O governo o compreende fundamentalmente como acesso a serviços. Quanto mais se investe em saúde, educação, obras públicas e serviços sociais – opina o governo –, mais se aproxima do *sumak kawsay*. Tudo sem colocar em questão o modelo econômico. Assim, não importa que se afete a natureza ou que não se mude substancialmente as relações capital-trabalho. Para o Executivo, trata-se de aumentar a renda (pela venda de recursos naturais ou via impostos) e logo redistribuí-la mais equitativamente."

---

18 Na Alemanha, há muitos debates sobre o Bem Viver, em diversos âmbitos, como na assembleia ecumênica de abril e maio de 2014, em Mainz, ou nas iniciativas locais da aliança ativista em favor do comércio justo em Castrop-Rauxel em maio e junho de 2014. Igualmente notável é o fato de que o prefeito da cidade de Colônia tenha declarado um dia do ano como dia do *Buen Vivir*, em espanhol, para refletir sobre a necessidade de outro estilo de vida.

A lista de incongruências nos governos "progressistas" andinos, tanto em nível nacional como nos territórios descentralizados, adverte intenções distintas entre os mandatos constitucionais e a *realpolitik*. Na prática, revelam-se formas continuístas de consumismo e produtivismo, refletindo também o uso propagandístico do termo Bem Viver. Basta ver a quantidade de documentos e programas oficiais que anunciam o *Buen Vivir* no Equador e o *Vivir Bien* na Bolívia. O termo se insere na pauta publicitária dos respectivos governos, mas de uma maneira muito distinta do que representa na realidade. Como exemplo, projetos municipais para melhorar as ruas, em cidades construídas em torno da cultura do automóvel e não dos seres humanos, são apresentados como se se tratassem de obras para o Bem Viver. Enquanto se aprofunda o extrativismo com a megamineração, implementam-se programas governamentais desavergonhadamente timbrados como iniciativas de Bem Viver. O mesmo sucede com os novos campos petrolíferos. Tudo isto representa um Bem Viver propagandístico e burocratizado, carente de conteúdo, reduzido a uma estratégia de marketing oficial. É uma ameaça ao Bem Viver.

Outro risco latente são aquelas propostas que pretendem diferenciar o *Buen Vivir* do *sumak kawsay*, assumindo-os como dois paradigmas diferentes, como aponta Atawallpa Oviedo Freire. É inegável que há uma apropriação, sequestro e domesticação do termo pelos governos de Equador e Bolívia. Ninguém duvida que o *Buen Vivir* governamental está desencontrado com o *Buen Vivir* de origem indígena. Isso explica essa posição separatista entre *Buen Vivir* e *sumak kawsay*.

A diferenciação não se justifica, porém. Eduardo Gudynas anota que, com esta separação, "perde-se a pluralidade original e a soma das posturas críticas à

Modernidade não indígena". Sustentar que o *Buen Vivir*, por definição, é desenvolvimentista, e que o *sumak kawsay*, em consequência, é indígena, é uma simplificação que não contribui com o debate. Ademais, esta distinção recluiria as propostas indígenas a um mundo estreito, e minimizaria seu enorme potencial para conduzir batalhas conceituais e políticas orientadas a superar a Modernidade.

Em síntese, o desrespeito à diversidade frearia a verdadeira riqueza de propostas múltiplas, nascidas a partir de diferentes realidades, e que nos obrigam a falar em "bons conviveres".

Para entender o que implica o Bem Viver, que, como vimos, não pode ser simplesmente associado ao "bem-estar ocidental", há que começar recuperando os saberes e as culturas dos povos e nacionalidades – tarefa que deveriam liderar as próprias comunidades indígenas. Isso, insistimos, não significa negar os êxitos e as mutações proporcionados pelos avanços tecnológicos, que podem contribuir à construção do Bem Viver. Trata-se de recuperar o que já existe e de inventar, caso seja necessário, novos modos de vida dentro de determinados parâmetros que assegurem os bons conviveres.

Isso permite esclarecer outro mal-entendido comum em relação ao Bem Viver: depreciá-lo ou minimizá-lo como uma mera aspiração de regresso ao passado ou de misticismo indigenista. Sem negar as ameaças do *pachamamismo*,[19] o Bem Viver expressa conceitos que estão em marcha neste exato momento, promovendo a interação, mescla e hibridização de saberes e sensibilidades e compartilhando marcos similares, tais como a crítica ao desenvolvimento ou a busca de outra relacionalidade com a Natureza.

---

19 Entendemos como *pachamamistas* aquelas visões (até dogmáticas) que ressaltam em extremo a importância da *Pacha Mama* ou certos aspectos da cosmovisão andina, assumindo-a inclusive como se não tivesse sido afetada pelos séculos de colonização e encobrindo muitas vezes seu acriticismo em relação ao capitalismo.

Nesta perspectiva, o Bem Viver não é uma criação nem uma novidade dos processos políticos do começo do século 21 nos países andinos. Os povos originários de Abya Yala não são os únicos portadores destas propostas. O Bem Viver tem sido conhecido e praticado em diferentes períodos e em diferentes regiões da Mãe Terra. Forma parte de uma longa busca de alternativas de vida forjadas no calor das lutas pela emancipação e pela vida. Ademais, a história da Humanidade é a história dos intercâmbios culturais, embora eles muitas vezes tenham ocorrido de uma maneira brutal – inclusive entre as próprias comunidades originárias americanas, como bem anotou o antropólogo peruano José María Arguedas.

Não podemos negar a história. Os incas construíram um império, com tudo o que isso representa: por exemplo, os *mitimanes*[20] e a imposição de uma língua e de uma cosmovisão legitimadora do poder. A própria Conquista só foi possível graças à colaboração de uma parte dos indígenas contra os governantes daquele momento –

20 *Mitimanes* foram comunidades ou grupos de famílias separadas de suas comunidades pelo império inca e transladadas de povos leais a conquistados ou vice-versa para cumprir diversas funções necessárias ao poder imperial, seja porque eram grupos rebeldes aos que se queria isolar ou porque, embora sendo rebeldes, ajudavam a pacificar outros territórios.

e foi paradigmático o apoio de alguns grupos à invasão de Hernán Cortés e à queda da capital asteca de Tenochtitlán, no México. A Colônia se consolidou, como toda colônia, graças ao apoio de setores autóctones cooptados e assimilados pelos conquistadores, não só pela força, mas também por meio de privilégios e títulos nobiliários. A luta pela independência das metrópoles ibéricas encontrou indígenas em ambos os lados – ou em nenhum...

Seja como for, o que importa é reconhecer que nestas terras existem memórias, experiências e práticas de sujeitos comunitários que exercitam estilos de vida não inspirados no tradicional conceito de desenvolvimento e progresso, entendidos como a acumulação ilimitada e permanente de riquezas. É imperioso, portanto, recuperar ditas práticas e vivências próprias das comunidades indígenas assumindo--as tal como são, sem idealizá-las.

Embora reconhecendo seu possível valor contestatário, também nos parece uma ameaça ao Bem Viver o uso e abuso de categorias pós-modernas e pós-coloniais – como arquétipo, cósmico, quântico ou cosmovisão – para tratar de construir "o ancestral" à margem de suas próprias raízes.

Neste caminho, portanto, a crítica sempre será

bem-vinda. Há que vetar posições dogmáticas e intolerantes: não pode haver espaço para "comissários políticos" do século 21. Além disso, não devemos acreditar que, invocando o Bem Viver, como em um passe de mágica, os problemas estejam resolvidos.

Com velhas ferramentas não se constrói o novo

Não é apenas indispensável questionar o senso histórico do processo desencadeado pela ideia do desenvolvimento: é preciso implodir todos objetivos, políticas e ferramentas com que se tem buscado inutilmente o bem-estar geral prometido pelo desenvolvimento. É necessário inclusive reconhecer que os conceitos e instrumentos disponíveis para analisar o desenvolvimento já não servem. São conhecimentos que pretendem nos convencer de que este padrão civilizatório – atado à lógica convencional do progresso – é natural e inevitável.

Por isso mesmo, não se pode avaliar o Bem Viver apegando-se aos instrumentos de análise tradicionais. Este é outro dos mecanismos que são empregados para negar a existência do Bem Viver, na medida em que não pode ser explicado e medido com tais instrumentos ou porque se assume que o aspecto comunitário desapareceu do mundo indígena – esta seria outra forma de racismo intelectual, aliás. Igualmente, seria no mínimo equivocado que as reflexões sobre o Bem Viver, por melhores que sejam as intenções, fossem assumidas como receitas indiscutíveis ou aplicáveis em qualquer momento ou lugar. Já disse com clareza Iván Illich, em 1968, diante de um grupo de jovens norte-americanos que se preparavam para servir como voluntários do desenvolvimento no México: "Para o inferno com as boas intenções."[21]

É indispensável, então, discutir se é necessário elaborar indicadores do Bem Viver. Mas será muito arriscado e inútil fazê-lo sem antes especificar seus fundamentos. O puro voluntarismo poderia levar-nos a novos tecnicismos. No entanto, será igualmente perigoso e inútil seguir falando do Bem Viver nas esferas públicas sem contar com mecanismos que permitam medir os avanços e retrocessos deste caminho. Esses possíveis indicadores deveriam, para manter a coerência, contemplar o mundo dos bons conviveres, ou seja, deveriam ser diversos e múltiplos, apropriados a cada realidade. Não é um tema de menor importância: esta tarefa pode conduzir-nos a terrenos movediços, que nos impedirão de sair da armadilha conceitual da Modernidade.

Neste ponto, cabe uma constatação, cada vez mais generalizada, sobre a necessidade de mudanças conceituais estruturais em todos os âmbitos da vida – por exemplo, na economia. A organização do aparato produtivo e os padrões de consumo devem mudar de maneira profunda. Para construir o Bem Viver é preciso outra economia que se reencontre com a Natureza e atenda às demandas

---

21 Iván Illich, em 20 de abril de 1968, no estado mexicano de Morelos, concluiu sua intervenção dizendo: "Estou aqui para sugerir que renunciem voluntariamente a exercer o poder que têm por serem americanos. Estou aqui para recomendar que renunciem consciente, livre e humildemente ao direito legal que têm de impor sua benevolência ao México. Estou aqui para desafiá-los a reconhecer sua incapacidade e sua falta de poder para fazer o 'bem' que tentam fazer. Estou aqui para recomendar que usem seu dinheiro, *status* e educação para viajar pela América Latina. Venham ver, venham escalar nossas montanhas, desfrutem nossas flores. Venham estudar. Mas não venham ajudar." Disponível em <http://infomorelos.com/vivir/filosofia/aldiabloconlasbuenasintenciones.htm>

da sociedade, não às do capital. Como veremos mais adiante, se é que a economia tem algum sentido, deve superar seu hermetismo no campo do valor.

No cerne do Bem Viver – com projeção global, inclusive – está implícito um grande passo revolucionário que nos leva a caminhar de visões antropocêntricas a visões sociobiocêntricas, assumindo as consequências políticas, econômicas, culturais e sociais desta transição.

6. O Bem Viver e os Direitos da Natureza

Demoramos muito tempo para perceber
nossa identidade planetária...
A história avançou pelo lado ruim.
Karl Marx

O medo aos imprevisíveis elementos da Natureza esteve presente desde os primórdios da vida dos seres humanos. Pouco a pouco, a ancestral e difícil luta por sobreviver foi se transformando em um desesperado esforço por dominar a Natureza. E o ser humano, com suas formas de organização social antropocêntricas, posicionou-se figurativamente fora dela. Chegou-se a definir a Natureza sem considerar a Humanidade como sua parte integral. Foi uma espécie de corte ao nó górdio da vida que une todos os seres vivos em uma única Mãe Terra. Assim, abriu-se caminho para dominá-la e manipulá-la.

Pesquisar a Natureza, como têm feito os seres humanos, usando cada vez mais os métodos de análise da ciência, é inevitável e indispensável. O problema radica em que, por meio de diversas ideologias, ciências e técnicas, tentou-se separar brutalmente ser humano e Natureza. Sem negar as valiosas contribuições da ciência, a voracidade por acumular capital forçou ainda mais as sociedades humanas a subjugar a Natureza. O capitalismo, enquanto "economia-mundo", como diria o sociólogo norte-americano Immanuel Wallerstein,[22] transformou a Natureza em uma fonte de recursos aparentemente inesgotável – o que, como sabemos, não é sustentável.

Ademais, não podemos ignorar que algumas aplicações tecnológicas podem produzir nocivos efeitos diretos ou secundários. Nem todas as ciências, em todas as tecnologias que dela derivam, são boas ou bem empregadas. O estudo da radioatividade, por exemplo, levou, entre outros resultados, à fabricação de bombas atômicas, introduzindo dúvidas e arrependimentos nos próprios propulsores da energia nuclear. Essa ciência e essa tecnologia – ou melhor, essa aplicação da ciência – são questionáveis. Há outras tecnologias perigosas. Por exemplo, as tecnologias agrárias baseadas na química e no monocultivo, que levaram à perda de biodiversidade. A lista pode alongar-se *ad infinitum*.

A ânsia por desvendar o funcionamento da Natureza está presente desde os inícios da Humanidade. Basta recordar a pesquisa dos eclipses e dos movimentos dos astros nas antigas civilizações do Egito e da Ásia – e inclusive da América, como mostram os exemplos de Tihuanacu, no Altiplano boliviano, ou Chichen Itzá, na península mexicana de Yucatán. O descobrimento da agricultura em diversos lugares do mundo data de oito mil ou dez mil anos atrás, com complexos sistemas de cultivo que combinavam espécies e variedades de plantas. São conhecidos os métodos pré-hispânicos para averiguar com vários meses de antecedência o fenômeno meteorológico *El Niño* pela observação do firmamento noturno.

Podemos ainda citar o exemplo da química agrária de Justus von Liebig (1803-1873), um conhecido cientista

---

22 O "socialismo realmente existente" (Rudolf Bahro), na verdade, formava parte desta economia-mundo. Nunca conseguiu construir-se como opção alternativa em termos civilizatórios.

alemão que iniciou o estudo dos grandes ciclos biogeoquímicos e que, portanto, está na origem da ciência da ecologia. Os esforços de Von Liebig também possuem conexões andinas. Suas investigações sobre as propriedades do guano, enviado do Peru à Europa em grandes carregamentos a partir de 1840, levaram à compreensão da ciência dos nutrientes na agricultura.

Mas é claro que o potencial fertilizante do guano já era conhecido desde antes dos incas.

Aqui caberia um longo etcétera, que mostra, ademais, que a ciência não é apenas europeia e ocidental.

Não se pode explicar toda a ciência pela avidez de explorar comercialmente a Natureza. Se é verdade que Charles Darwin (1809-1882), ao narrar sua viagem no navio Beagle, teceu frequentes comentários sobre os recursos naturais da América, incluído o uso do guano no Peru, sua principal motivação, como logo se viu, era estudar a origem e a evolução das espécies. Algo similar pode-se afirmar sobre a expedição americana do naturalista alemão Alexander von Humboldt (1769-1859).

Igualmente, há algo belo e admirável na luta da razão científica contra o dogma religioso, como foram os casos de Galileu Galilei (1564-1642) e do próprio Darwin. Conhecer as transformações sofridas pela espécie humana desde sua primeira forma de vida, passando pelos macacos, é um resultado da ciência ocidental (em plena era imperialista) que irrita os fundamentalistas religiosos, mas que não contradiz – pelo contrário, apoia – o sentimento de reverência e respeito à Natureza.

Na base do ecologismo, há uma compreensão científica e ao mesmo tempo uma admiração e uma identificação com a Natureza que, longe de sentimentos de posse ou dominação, aproxima-se à curiosidade e ao amor.

Cada vez mais pessoas começam a entender que a acumulação material, mecanicista e interminável, assumida como progresso, não tem futuro. Essa preocupação é crescente, pois os limites da vida estão severamente ameaçados por uma visão antropocêntrica do progresso, cuja essência é devastadora.

Por isso, se queremos que a capacidade de absorção e resiliência da Terra não entre em colapso, devemos deixar de enxergar os recursos naturais como uma condição para o crescimento econômico ou como simples objeto das políticas de desenvolvimento. E, certamente, devemos aceitar que o ser humano se realiza em comunidade, com e em função de outros seres humanos, como parte integrante da Natureza, assumindo que os seres humanos somos Natureza, sem pretender dominá-la.

Isso nos leva a aceitar que a Natureza – enquanto construção social, ou seja, enquanto conceito elaborado pelos seres humanos – deve ser reinterpretada e revisada totalmente se não quisermos colocar em risco a existência do próprio ser humano. Para começar qualquer reflexão, devemos aceitar que a Humanidade não está fora da Natureza e que a Natureza tem limites biofísicos.

Quando se propõe os Direitos da Natureza, não se trata de renunciar ao amplo e rico legado científico – nem muito menos à razão – para refugiar-nos, em nossa angústia e perplexidade pelo rumo das coisas, em misticismos antigos ou novos, ou em irracionalismos políticos: recordemos que ainda existem nos Estados Unidos grandes grupos criacionistas que renegam Darwin, como fizeram os bispos vitorianos de seu tempo.

Dos preceitos filosóficos às ações imperiais

Os múltiplos imperialismos colocaram em prática a dominação da Natureza. Esse pensamento está no ponto de partida de violentos processos que se expandiram pelo planeta – e que ainda perduram. À viagem de Cristóvão Colombo se seguiram a Conquista e a colonização. Com elas, em nome do poder imperial e da fé, tiveram início uma exploração sem misericórdia de recursos naturais e a destruição de muitas culturas e civilizações. O escritor uruguaio Eduardo Galeano diz claramente:

> *Desde que a espada e a cruz desembarcaram em terras americanas, a Conquista europeia castigou a adoração da Natureza, que era pecado ou idolatria, com penas de açoite, forca ou fogo. A comunhão entre a Natureza e a gente, costume pagão, foi abolida em nome de Deus e depois em nome da civilização. Em toda América, e no mundo, seguimos sofrendo as consequências desse divórcio obrigatório.*

Desde então, a devastação social e, consequentemente, ambiental, foi a regra. Com a chegada dos europeus a Abya Yala, graças ao roubo e ao saque, à superexploração da mão de obra e ao aparecimento de desconhecidas enfermidades, produziu-se um massivo genocídio. Esta autêntica hecatombe demográfica levou-se a cabo, em última instância, em nome do progresso e da civilização ocidental e cristã.

Para sustentar a produção econômica, ameaçada por tal genocídio, recorreu-se ao violento traslado de grande quantidade de mão de obra africana. A escravidão, existente havia muito tempo, permitiu o desenvolvimento global do capitalismo nascente. Ao possibilitar uma força de trabalho extremamente barata, foi uma importante contribuição para o processo de industrialização.

Já nessa época, para sentar as bases do mercado global, forjou-se nas colônias um esquema extrativista de exportação em função das demandas de acumulação do capital das nações imperiais, os atuais centros do então nascente sistema capitalista. Alguns países – os perdedores – foram especializados em exportar Natureza, enquanto os países dominantes importam Natureza.

O espírito dessa época materializou-se em sucessivos descobrimentos de novos territórios onde se analisava a disponibilidade de recursos naturais. Assim, por exemplo, o "descobrimento" econômico do rio Amazonas ocorreu em 1640, quando o padre Cristóvão de Acuña, enviado do rei da Espanha, informou à Coroa sobre as riquezas existentes nos territórios "descobertos" por Francisco de Orellana. Acuña encontrou madeiras, cacau, açúcar, tabaco, minas, ouro – recursos que ainda alentam diversos interesses de acumulação nacional e transnacional na floresta.

Nos países andinos, não apenas tivemos a visita de Darwin, mas, antes dele, de Charles Marie de la Condamine (1701-1774), que mediu o meridiano terrestre. De uma extensa lista de ilustres visitantes científicos, cabe destacar o já citado Alexander von Humboldt. Ele foi o "segundo descobridor" da América e, por certo, um dos pioneiros na universalização do conhecimento científico.

O afã que moveu o grande berlinense, inimigo dos Bourbon e da escravidão, não pode desvincular-se da expansão econômica e política europeia, em momentos em que vivíamos uma fase de acelerado auge imperialista. Humboldt queria saber quais recursos existiam na América, mas também queria fazer ciência pura – subindo, por exemplo, ao vulcão Chimborazo,[23] nos Andes centrais equatorianos, para medir a temperatura da ebulição da água em grandes altitudes.

Sem que isso represente uma acusação, as obras que versam sobre sua longa expedição por Nossa América, entre 1799 e 1804,

> *tiveram repercussões políticas e econômicas muito profundas, mas também ambivalentes, e atraíram fundamentalmente o interesse do incipiente capitalismo colonial. Como é que ainda existem territórios imensos em uma economia por desenvolver-se, e essas fabulosas jazidas, e essa mão de obra dócil e pouco exigente? Pois lá*

---

23 N. do T.: Localizado na província equatoriana de Riobamba, o vulcão Chimborazo é o pico mais alto do país. De acordo com o Instituto Geográfico Militar do Equador, está a 6.310 metros sobre o nível do mar.

vamos escavar nossas minas (de prata, claro) e construir nossos altos fornos; vamos investir nossos capitais naquelas terras e desenvolver nelas nossos métodos de trabalho.[24]

Humboldt sabia: "O progresso dos conhecimentos cósmicos exigiu o preço de todas as violências e horrores que os conquistadores, que se consideravam civilizados, estenderam por todo o continente", escreveu em sua obra magna *Cosmos*. Quanto desse espírito desbravador e conquistador continua vigente?

Dizem que Humboldt, maravilhado pela geografia, flora e fauna da região, via seus habitantes como se fossem mendigos sentados sobre um saco de ouro, referindo-se a suas incomensuráveis riquezas naturais não exploradas. De alguma maneira, o cientista ratificou nosso papel de exportadores de Natureza no que seria o mundo depois da colonização ibérica: enxergou-nos como territórios condenados a aproveitar os recursos naturais existentes – um aproveitamento inspirado no exercício da razão exploradora da época.[25]

América Latina, grande exportadora de Natureza

Abya Yala, assim como África e Ásia, foi integrada ao mercado mundial há mais de quinhentos anos como fornecedora de recursos primários. Desta região saíram o ouro, a prata e as pedras preciosas que financiaram a

---

24 Não difere muito do "ponto quarto" do discurso inaugural do presidente norte-americano Harry Truman em janeiro de 1949.

25 Outro viajante ilustre foi Jean Baptiste Boussingault (1802-1887), continuador do trabalho de Humboldt no estudo dos recursos naturais da América e, mais tarde, descobridor do ciclo no nitrogênio.

expansão do império dos Áustrias, mas, sobretudo, o surgimento do capitalismo.

Esta riqueza transferiu o centro do sistema mundial da Ásia para a Europa. Aliás, a Eurásia, segundo André Gunder Franck, já era um sistema-mundo integrado, com intercâmbios culturais e econômicos (rota da seda), ciclos de hegemonia (os califados árabes, Índia e China) e ciclos econômicos. A incorporação da América faz com que o centro se desloque à Europa. Isso foi possível graças à crise interna da China, potência hegemônica da época. A incorporação de América, África e, posteriormente, Austrália e ilhas do Pacífico faz com que o sistema-mundo seja pela primeira vez um sistema mundial. Desde então, as terras americanas, sobretudo as do sul, assumiram uma posição submissa no contexto internacional ao especializar-se na extração de recursos naturais.

Depois de terem conseguido a independência de Espanha e Portugal, os países da América Latina continuaram exportando recursos naturais, ou seja, Natureza, tal como haviam feito durante a Colônia – e como continuam fazendo.

O desejo de dominar a Natureza para transformá-la em exportações esteve permanentemente presente na América Latina. Nos primórdios da independência, diante do terremoto em Caracas, que ocorreu em 1812, Simón Bolívar pronunciou uma célebre frase, que traduzia o pensamento da época: "Se a Natureza se opõe, lutaremos contra ela e faremos com que nos obedeça." Para além das leituras patrióticas que interpretam tal pronunciamento como uma decisão do líder em enfrentar as adversidades, deve-se ter clareza de que Bolívar agia de acordo com as certezas de seu tempo. Estava convencido, em consonância com o pensamento imperante, de que se podia dominar a Natureza.

O curioso é que, apesar de sabermos há muitos anos que é impossível continuar pela trilha predatória, esse espírito de dominação não foi superado. Assim, no Equador, no final de 2009, o presidente da República, diante do racionamento de energia elétrica provocado pela seca prolongada e pela falta de respostas oportunas, considerando a situação como produto de uma adversidade ambiental, declarou em uma de suas transmissões televisivas aos sábados: "Se a Natureza, com esta seca, se opõe à Revolução Cidadã,[26] lutaremos e juntos a venceremos, tenham certeza."

A mensagem de Humboldt, que, dizem, nos enxergava como mendigos sentados sobre um saco de ouro, encontrou sua interpretação teórica no renomado livro *Princípios de Economia Política e Tributação*, publicado por David Ricardo em 1817. O conhecido economista inglês recomendava que cada país deveria especializar-se na produção de bens com vantagens comparativas ou relativas, e adquirir no estrangeiro os bens que revelassem desvantagem comparativa. A Inglaterra, assim, tinha de se especializar na produção de tecidos, e Portugal, na de vinhos. Sobre esta base construiu-se o fundamento da teoria do comércio exterior.

Esta tese, tão mencionada e utilizada pelos economistas, não aceitava ou não sabia que se tratava simplesmente da leitura de uma imposição imperial. A divisão do trabalho proposta por Ricardo materializou-se no Tratado de Methuen, assinado entre Portugal e Inglaterra em 1703. Em apenas três artigos, o acordo mais curto da história diplomática europeia estabelecia que os portugueses comprariam panos e produtos têxteis da Inglaterra e, em contrapartida, os britânicos concederiam trato favorável aos vinhos procedentes de Portugal.

---

26 N. do T.: "Revolução Cidadã" é o slogan do governo Rafael Correa, iniciado em 15 de janeiro de 2007.

A Grã-Bretanha, primeira nação capitalista industrializada com vocação global, não praticou a liberdade comercial que tanto defendia. Com sua frota, impôs seus interesses a vários rincões do planeta. A tiros de canhão, introduziu o ópio na China e, em nome de uma suposta liberdade comercial, bloqueou os mercados de suas extensas colônias, como a Índia, para manter o monopólio na venda de tecidos. Historicamente, o ponto de partida das economias de sucesso baseou-se em esquemas protecionistas, muitos dos quais vigentes até agora em diversas formas.

Os norte-americanos não buscaram uma trilha diferente do que pregavam os ingleses. Ulysses Grant, herói da Guerra de Secessão e, depois, presidente dos Estados Unidos entre 1868 e 1876, foi categórico ao declarar que, "dentro de duzentos anos, quando a América tenha obtido do protecionismo tudo o que ele pode oferecer, também adotará o livre comércio". Conseguiram antes, inclusive apoiando-se uma e outra vez em seus fuzileiros navais. Os alemães, inspirados em Friedrich List, com ideias avançadas no que se refere às teorias do desenvolvimento, obtiveram seu crescimento econômico com medidas protecionistas contra o discurso liberal dominante no século 19. E, como analisa o economista sul-coreano Ha-Joon Chang, as potências asiáticas – Japão e, mais recentemente, China – tampouco foram ou são partidárias do livre mercado.

Desde então, em muitos de nossos países, extremamente ricos em recursos naturais e profundamente emaranhados no modelo de acumulação primário-exportador, consolidou-se uma visão passiva e submissa frente à divisão internacional do trabalho.

Tal aceitação tem se mantido profundamente enraizada em amplos segmentos de nossas sociedades, como se se tratasse de um DNA insuperável que afeta também seus governantes. Para muitos líderes políticos, mesmo os "progressistas", é quase impossível imaginar um caminho para se libertar desta "maldição da abundância".

Não se consegue compreender que os efeitos multiplicadores da manufatura sobre o resto da economia são muitíssimo maiores que os do extrativismo. Fabricar um rádio, um televisor ou um automóvel, por exemplo, implica a existência de muitas empresas secundárias e exige esforços em outros setores – como pesquisa e inovação. Fazer um buraco na terra para retirar minerais, nem tanto. Fabricar um computador ou um simples parafuso não é o mesmo que extrair uma rocha.

Apesar das evidências, a ilusão do extrativismo todo-poderoso, concretizado na metáfora de Humboldt, continua vigente. O presidente equatoriano Rafael Correa tem repetido exaustivamente a mesma frase do naturalista alemão. Em seu informe à nação, em 15 de janeiro de 2009, para defender a nova Lei de Mineração, disse: "Não daremos marcha a ré na Lei de Mineração, pois o desenvolvimento responsável da mineração é fundamental para o progresso do país. Não podemos estar sentados como mendigos sobre um saco de ouro." Em 25 de outubro de 2011, em visita a Quimsacocha, na província de Azuay, onde existe uma jazida de ouro em meio a um maravilhoso ecossistema andino de grande altitude, com muitos lagos, reiterou: "A mineração é fundamental para a era moderna. Sem ela, regressamos à época das cavernas. Não podemos cair na irresponsabilidade de ser mendigos sentados sobre um saco de ouro." Poderíamos citar muitos outros exemplos.

Aceita-se o extrativismo como fonte de financiamento para o desenvolvimento. Negá-lo, segundo essa visão ainda muito em voga, fecharia as portas ao progresso. O presidente da Bolívia, Evo Morales, diante da proposta de não expandir a extração petrolífera na porção amazônica de seu país, foi categórico: "De que, então, viverá a Bolívia, se algumas ONGs pedem uma Amazônia sem petróleo? (…) Estão dizendo, em três palavras, que o povo boliviano não tenha dinheiro, que não haja *royalties*, que não haja bônus Juancito Pinto, nem Renda Dignidade, nem bônus Juana Azurduy."[27]

A resposta do presidente do Peru, Alan García, um político neoliberal, em junho de 2009, diante dos protestos dos indígenas amazônicos contrários a atividades extrativistas, que terminaram em um massacre,[28] não pode ser mais elucidativa: "Bom, estas pessoas não são reis, não são cidadãos de primeira classe que podem dizer-nos – 400 mil nativos a 28 milhões de peruanos – 'você não tem direito de vir aqui'. Isso é um erro gravíssimo. Quem pensa assim quer nos levar à irracionalidade e ao retrocesso primitivo."

Governos neoliberais e governos "progressistas" se irmanaram em torno do extrativismo. Diferentes

---

27   N. do T.: O Bônus Juancito Pinto é um programa de transferência de renda criado em 2006 pelo governo do presidente Evo Morales em que as famílias recebem ajuda financeira do Estado para que seus filhos frequentem a escola. A Renda Dignidade, implementada em 2014, beneficia mensalmente os bolivianos e bolivianas com mais de 60 anos que vivem no país. O bônus Juana Azurduy é um benefício destinado a partir de 2009 às gestantes bolivianas que realizam exames pré-natal, seguem recomendações médicas, dão à luz em hospitais públicos, cumprem com exigências nutricionais e vacinam seus filhos até os dois anos de idade.

28   N. do T.: O episódio conhecido como "massacre de Bagua" ocorreu em 5 de junho de 2009 no departamento peruano de Amazonas. Dados oficiais apontam para a morte de 33 pessoas (23 policiais, cinco moradores de Bagua e cinco indígenas) após o início do operativo que pretendia liberar uma estrada bloqueada há cerca de 50 dias por manifestantes contrários à autorização recebida por grandes empresas de mineração e petróleo para explorar a região.

orientações ideológicas continuam assumindo a Natureza como um elemento a ser domado e mercantilizado. A exploração da Natureza – e sobretudo dos recursos naturais não renováveis – segue sendo vista como o grande trampolim para o desenvolvimento.

Os governantes "progressistas" tratam de acelerar o salto à ansiada Modernidade impulsionando o extrativismo com uma espécie de modernização passadista baseada em uma maior presença do Estado. Prometem, inclusive, superar o extrativismo com mais extrativismo. Parece que os governos "progressistas", para além do discurso, não são capazes de desenhar e levar a cabo opções alternativas à modalidade de acumulação extrativista.

Os ameaçados limites da Natureza

Já surgiram várias vozes de alerta contra essa antiga visão que propugna a dominação e a exploração sustentada pelo divórcio profundo entre economia e Natureza – e que provoca crescentes problemas globais.

Em meados da segunda metade do século 20, o mundo enfrentou uma mensagem de advertência: a Natureza tem limites. No informe do Clube de Roma ou *Relatório Meadows*, publicado em 1972, também conhecido como *Os limites do crescimento*, o planeta foi confrontado com essa realidade indiscutível. O problema daquele relatório, encomendado pelo Massachusetts Institute of Technology, é que previu a chegada de uma série de situações críticas provocadas pelo crescimento econômico. Como elas não se cumpriram, o *Relatório Meadows* acabou injustamente deslegitimado.

Algo parecido pode estar ocorrendo com a "mudança climática" e os diferentes "adereços" que foram submetidos à realidade para que passe a se encaixar com a teoria. Muitos interesses negam os fatos. A existência dos limites do crescimento, escamoteada pela voracidade das demandas de acumulação do capital, sustenta-se sobre a firme e dogmática crença na todo-poderosa ciência – a serviço do capital, claro.

A questão é clara: a Natureza não é infinita, tem limites e esses limites estão a ponto de ser superados – se é que já não estão sendo. Assim, o *Relatório Meadows*, que desatou diversas leituras e suposições, embora não tenha transcendido na prática, plantou uma dupla constatação: não podemos seguir pelo mesmo caminho; necessitamos de análises e respostas globais.

Já são muitos os economistas de prestígio – como Nicholas Georgescu-Roegen, Kenneth Boulding, Herman Daly, Roefie Hueting, Enrique Leff ou Joan Martínez Alier – que demonstraram as limitações do crescimento econômico. Inclusive Amartya Sen, que não questiona nem o mercado nem o capitalismo, brandiu espadas contra o crescimento econômico visto como sinônimo de desenvolvimento. Aqui cabe sublinhar novamente as contribuições de Sen, que tratam de adequar o desenvolvimento à perspectiva do ser humano. No entanto, não podemos deixar de mencionar o entusiasmo com que se recebeu a ideia do "desenvolvimento humano" sem que se desse conta da parafernália individualista que o sustenta e provoca efeitos políticos desmobilizadores, como avalia o filósofo dominicano Pablo Mella.

Sobretudo nos países industrializados, multiplicam-se as exigências por uma economia que propicie não apenas o crescimento estacionário, mas o "decrescimento". Aqui, poderíamos citar os trabalhos do filósofo francês Serge Latouche, do economista britânico Tim Jackson ou do economista alemão Niko Paech, entre outros. As reflexões sobre o "decrescimento" de alguma forma se inspiram nos trabalhos de John Stuart Mill, economista inglês que em 1848 antecipou algumas reflexões fundacionais do que hoje se conhece como economia estacionária.

Um dos mais lúcidos pensadores latino-americanos neste campo, Enrique Leff, que propõe uma transição a outra forma de organização da produção e da sociedade, questiona:

> Como desativar um processo que tem em sua estrutura originária e em seu código genético um motor que o impulsiona a crescer ou morrer? Como levar a cabo tal propósito sem gerar como consequência uma recessão econômica com impactos socioambientais de alcance global e planetário? (...) isto leva a uma estratégia de desconstrução e reconstrução, não para implodir o sistema, mas para reorganizar a produção, desvencilhar-se das engrenagens dos mecanismos de mercado, restaurar a matéria usada para reciclá-la e reordená-la em novos ciclos ecológicos. Neste sentido, a construção de uma racionalidade ambiental capaz de desconstruir a racionalidade econômica implica processos de reapropriação da natureza e reterritorialização das culturas.

O debate está cada vez mais presente nos países industrializados – os maiores responsáveis pelo desastre ambiental global. Mas deveria ser também motivo de preocupação no Sul.

Não se trata de que os países empobrecidos não cresçam ou cresçam pouco para que os países ricos mantenham seus insustentáveis níveis de vida. Nada a ver. Nos países subdesenvolvidos, há que se abordar o tema do crescimento com responsabilidade. Por isso, resulta pelo menos oportuno diferenciar o crescimento "bom" do crescimento "mau", como propõe Manfred Max-Neef – crescimento que, segundo ele, se define pelas correspondentes histórias naturais e sociais que o explicam. De todas as maneiras, o crescimento não pode ser o motor da economia e, menos ainda, sua finalidade.

Urge discutir séria e responsavelmente o decrescimento econômico no Norte global (não basta o crescimento estacionário), que necessariamente deverá vir de mãos dadas com o pós-extrativismo no Sul. Voltaremos a essa questão no capítulo em que se aborda a construção de outra economia que permita transformar o Bem Viver em realidade.

Agora, quando os limites de sustentabilidade do mundo estão sendo literalmente superados, é indispensável, ademais, construir soluções ambientais vistas como um dever universal.

Por um lado, os países empobrecidos e estruturalmente excluídos deveriam buscar opções de vida digna e sustentável, que não representem a reedição caricaturizada do estilo de vida ocidental. Por outro, os países "desenvolvidos" terão de resolver os crescentes problemas de iniquidade internacional que eles mesmos provocaram e, em especial, terão de incorporar critérios de suficiência em suas sociedades antes de tentar sustentar, às custas do resto

da Humanidade, a lógica da eficiência compreendida como a acumulação material permanente.

Os países ricos, definitivamente, devem mudar seu estilo de vida, que coloca em risco o equilíbrio ecológico mundial – pois, nesta perspectiva, como apontam José María Tortosa e o economista egípcio Samir Amin, também são de alguma maneira subdesenvolvidos ou "mal desenvolvidos". Empenhados nesta tarefa, terão de voltar por boa parte do caminho que percorreram, dando marcha a ré em um crescimento irrepetível em nível mundial. Igualmente, devem assumir sua corresponsabilidade para dar espaço a uma restauração global dos danos provocados – em outras palavras, devem pagar sua dívida ecológica.

Não se trata simplesmente de uma dívida climática. A dívida ecológica encontra suas origens na espoliação colonial – a extração de recursos minerais ou a derrubada massiva de bosques naturais, por exemplo – e se projeta tanto no "intercâmbio ecologicamente desigual" como na "ocupação gratuita do espaço ambiental" dos países empobrecidos em decorrência do estilo de vida predatório dos países industrializados. Aqui, cabe incorporar as pressões provocadas sobre o meio ambiente através das exportações de recursos naturais – normalmente a preços baixos, que não incorporam, por exemplo, a perda de nutrientes e biodiversidade nos países subdesenvolvidos –, exacerbadas pelas crescentes pressões que se derivam da proposta de abertura total dos mercados. A dívida ecológica cresce, também, a partir de outra vertente, relacionada à anterior, na medida em que os países mais ricos superaram em muito seus equilíbrios ambientais nacionais ao transferir poluição (resíduos ou emissões) direta ou indiretamente a outras regiões sem assumir qualquer ônus por isso.

Ainda temos de acrescentar a biopirataria, impulsionada por várias corporações transnacionais que patenteiam em seus países de origem uma série de plantas e conhecimentos indígenas. Nesta linha de reflexão, também cabem os danos que se provocam à Natureza e às comunidades, sobretudo camponesas, com as sementes geneticamente modificadas. Por isso, poderíamos perfeitamente afirmar que não apenas existe um intercâmbio comercial e financeiramente desigual, como propõe a teoria da dependência, mas também se registra um intercâmbio ecologicamente desequilibrado e desequilibrador.

A crise provocada pela superação dos limites da Natureza nos leva necessariamente a questionar a institucionalidade e a organização sociopolítica. Tenhamos presente que, como escreveu o físico alemão Egon Becker, "na crise ecológica não apenas se sobrecarregam, distorcem e esgotam os recursos do ecossistema, mas também os dos 'sistemas de funcionamento social'. (...) A sociedade se converte em um risco ecológico". Esse risco amplifica as tendências excludentes e autoritárias, assim como as iniquidades tão próprias do sistema capitalista: "um sistema de valores, um modelo de existência, uma civilização: a civilização da desigualdade", tal como o compreendia o economista austríaco Joseph Schumpeter.

Diante destes desafios, aflora com força a necessidade de repensar a sustentabilidade em função da capacidade de uso e resiliência da Natureza. Em outras palavras, a tarefa radica no conhecimento das verdadeiras dimensões da sustentabilidade e em assumir a capacidade da Natureza de suportar perturbações –

que não podem subordinar-se a demandas antropocêntricas. Esta tarefa demanda uma nova ética para organizar a vida. É necessário reconhecer que o desenvolvimento e o progresso convencional nos conduzem por um caminho sem saída. Os limites da Natureza, aceleradamente transbordados pelos estilos de vida antropocêntricos, particularmente exacerbados pelas demandas de acumulação do capital, são cada vez mais perceptíveis.

São objetivos extremamente complexos. Em vez de manter o divórcio entre a Natureza e o ser humano, provocado pela violência de uma concepção de vida predatória e certamente intolerável, há que possibilitar seu reencontro. O filósofo francês Bruno Latour nos diz que "a questão é sempre a de reatar o nó górdio, atravessando, tantas vezes quantas forem necessárias, o corte que separa os conhecimentos exatos e o exercício do poder, digamos, a natureza e a cultura". Latour propõe profundos debates na antropologia sobre a divisão entre Natureza, no singular, e culturas, no plural. Unindo as duas, a política adquire uma renovada atualidade.

Para obter essa transformação civilizatória, é preciso inicialmente desmercantilizar a *Pacha Mama* ou Mãe Terra, como parte de um reencontro consciente com a Natureza. É um desafio especial para quem vive nas cidades – que se encontram, no mínimo, distantes da Natureza. Os habitantes das cidades devem entender e assumir que a água, por exemplo, não vem dos supermercados ou da torneira.

Os resultados econômicos devem estar subordinados às leis de funcionamento dos sistemas naturais, sem perder de vista o respeito à dignidade humana e procurando assegurar qualidade de vida às pessoas. Concretamente, a economia deve demolir toda a construção teórica que esvaziou "de materialidade a noção de produção e [separou] completamente a racionalidade econômica do mundo físico, completando, assim, com seu carrossel de produção e crescimento, o mero campo do valor", nas palavras do economista espanhol José Manuel Naredo.[29]

A economia deve submeter-se à ecologia. Por uma razão muito simples: a Natureza estabelece os limites e alcances da sustentabilidade e a capacidade de renovação que possuem os sistemas para autorrenovar-se. Disso dependem as atividades produtivas. Ou seja: se se destrói a Natureza, destroem-se as bases da própria economia.

Isso nos obriga a evitar ações que eliminam a diversidade e a substituem pela uniformidade provocada pela megamineração, pelos monocultivos ou pelos transgênicos, por exemplo. Tais atividades, como reconhece o ecologista chileno Godofredo Stutzin, "rompem os equilíbrios, produzindo desequilíbrios cada vez maiores".

Escrever essa mudança histórica, ou seja, a transição de uma concepção antropocêntrica para uma sociobiocêntrica, é o maior desafio da Humanidade, se é que não queremos colocar em risco a existência do próprio ser humano sobre a Terra.

---

29 Lembremos que Friedrich Engels, em carta a Albert Lange, em 29 de março de 1865, escreveu que "as assim chamadas 'leis econômicas' não são leis eternas da Natureza, mas leis históricas que aparecem e desaparecem".

Os Direitos da Natureza ou o direito à existência

As reflexões anteriores definem um contexto muito amplo dos passos vanguardistas dados pela Assembleia Constituinte do Equador reunida em Montecristi entre 2007 e 2008. Apontam com clareza aonde deveria marchar a construção de uma nova forma de organização da sociedade se realmente pretende estabelecer uma opção de vida que respeita e convive dentro da Natureza. Estas reflexões também permitem compreender o caráter civilizatório dos Direitos da Natureza.

Neste empenho, há que compreender o que realmente significam e representam os Direitos da Natureza. E, a partir desse conhecimento, há que configurar uma estratégia de ação que comece por identificar o que poderia ser entendido como mega-direitos – os Direitos Humanos e os Direitos da Natureza, especialmente – e, depois, como meta-direitos – à água, à soberania alimentar, à biodiversidade, à soberania energética etc.

A Constituição equatoriana de 2008, ao reconhecer os Direitos da Natureza – ou seja, ao considerá-la como sujeito de direitos e conceder-lhe o direito a ser integralmente restaurada em caso de degradação –, estabeleceu um marco na Humanidade. Também foi transcendental a incorporação do termo *Pacha Mama* como sinônimo de Natureza e reconhecimento de plurinacionalidade e interculturalidade.

A discussão no seio da Assembleia Constituinte, em Montecristi, foi complexa. Vários deputados – inclusive membros da base do governo, que era majoritária, e quadros do primeiro escalão governamental – se opuseram a aceitar os Direitos da Natureza. Em alguns casos, os consideraram uma "estupidez". Fora da Assembleia, os Direitos da Natureza foram vistos como uma "ladainha conceitual" pelos conservadores do Direito, incapazes de entender as mudanças que estavam em marcha. Para eles, é difícil compreender que o mundo está em movimento permanente.

Ao longo da história, cada ampliação de direitos foi anteriormente impensável. A emancipação dos escravos ou o estabelecimento de direitos civis aos negros e às mulheres, por exemplo, foram um dia considerados absurdos. Foi necessário que ao longo da história se reconhecesse "o direito a ter direitos", e isso se obteve sempre com esforço político para mudar as visões, os costumes e as leis que negavam esses direitos. Não deixa de ser curioso que muitas das pessoas que se opõem a uma nova ampliação de direitos não tenham pudor algum em aceitar que se concedam direitos quase humanos a empresas – o que é uma grande aberração.

Para libertar a Natureza da condição de mero objeto de propriedade dos seres humanos, foi – e continua sendo – necessário um grande esforço político para reconhecê-la como sujeito de direitos. É preciso aceitar que todos os seres têm o mesmo valor ontológico – o que não significa que sejam idênticos. Isso articula a noção de "igualdade biocêntrica", em que, segundo Eduardo Gudynas, todas as espécies têm a mesma importância e, portanto, merecem ser protegidas: "Tentará se conservar tanto as espécies úteis como as inúteis, as que possuem valor de mercado e as que não possuem, as espécies atrativas e as desagradáveis."

Godofredo Stutzin nos diz que, quando falamos em Direitos da Natureza, "é possível qualificá-los e quantificá-los mediante um enfoque propriamente ecológico, em vez de determiná-los exclusivamente a partir dos interesses humanos. Inverte-se, assim, o *onus probandi*, (...) estabelecendo-se a presunção contrária de que tudo o que existe na Natureza 'serve para alguma coisa' no contexto da 'empreitada da vida' e deve, por conseguinte, ser conservado tal como é, salvo que se possa acreditar na existência de um interesse superior que justifique a alteração ou a destruição projetadas". Isso conduz a romper com a visão instrumental do meio ambiente, já que se reconhecem valores próprios à Natureza. Não se fala em valores que são atribuídos pelos seres humanos. Esta é uma discussão que vem de longa data.[30]

Conceder direitos à Natureza significa, então, incentivar politicamente sua passagem de objeto a sujeito, como parte de um processo centenário de ampliação dos sujeitos de direito, como recordava já em 1988 o jurista suíço Jörg Leimbacher. O aspecto central dos Direitos da Natureza, de acordo com Leimbacher, é resgatar o "direito à existência" dos próprios seres humanos.[31] Aqui podemos citar a célebre frase de um dos grandes racionalistas da filosofia do século 17, o holandês Baruch de Spinoza (1632-1677), quem, em contraposição à atual posição teórica sobre a racionalidade, reclamava que "tudo que é contrário à Natureza é contrário à razão; e o que é contrário à razão é absurdo".

Temos de entender que tudo o que fazemos pela Natureza, fazemos em prol de nós mesmos. Eis um ponto medular dos Direitos da Natureza. Insistamos exaustivamente que o ser humano não pode viver à margem da Natureza – e menos ainda se a destrói. Portanto, garantir

---

30 O filósofo Arne Naess (1912-2009), pai da Ecologia Profunda, sustentava que "todos os seres vivos têm o mesmo valor". Os saberes ancestrais das comunidades indígenas também assumem o mesmo respeito à vida por meio de relações de harmonia com a *Pacha Mama*, pois convivem com ela em reciprocidade e respeito.

31 Os textos de Jörg Leimbacher, sobretudo a dissertação *Die Rechte der Natur* (1988), chegaram a mim graças ao trabalho em Montecristi.

a sustentabilidade é indispensável para assegurar nossa vida. Esta luta de libertação, como esforço político, começa por reconhecer que o sistema capitalista acaba com as condições biofísicas de sua própria existência.

A conjuntura política da Assembleia Constituinte do Equador, a intensidade das discussões e o compromisso de um grupo de deputados, assim como contribuições de vários especialistas no tema, inclusive o oportuno texto escrito por Eduardo Galeano, "A Natureza não é muda", em que destacava a importância da discussão que se conduzia em Montecristi,[32] permitiram que finalmente a iniciativa fosse acolhida. O trabalho e o debate constituintes foram árduos. Certamente, há que se destacar todas as contribuições e as lutas do mundo indígena, onde a *Pacha Mama* é parte consubstancial da vida. Em seu mundo, o reconhecimento legal de tais direitos não é necessário. Na civilização ocidental, sim, para que se possa reorganizar a vida dos seres humanos entre si e com a Natureza.

Além da tradição transcultural que considera a Terra como Mãe, ou seja, *Pacha Mama*, algumas razões científicas também sustentam que a Terra se comporta como um superorganismo vivo. Razões cosmológicas assumem a Terra e a vida como breves momentos do vasto processo de evolução do universo. Tais visões ressaltam a relacionalidade entre todos os seres: tudo está relacionado com tudo, em todos os pontos e em todas as circunstâncias. Desde a descoberta do DNA, sabemos que os seres vivos estamos aparentados por um mesmo código genético de base. Portanto, a ideia de conceder direitos à Natureza

---

32 A leitura do texto de Eduardo Galeano no plenário da Assembleia Constituinte conseguiu consolidar uma posição que não parecia promissora no início do processo.

também possui antecedentes no mundo ocidental.

Apesar dos avanços constitucionais, tem-se caminhado por uma trilha complicada no que se refere à aplicação das normas previstas pela Carta equatoriana. Várias leis patrocinadas pelo Executivo contradizem seus princípios no campo dos direitos ambientais e, especialmente, no que se refere aos Direitos da Natureza.

Temos de destacar, porém, a formação da primeira vara judicial da Natureza nas Ilhas Galápagos, assim como a ação de proteção, inspirada nos Direitos da Natureza, contra o governo da província de Loja, no sul do Equador, em março de 2011, devido à poluição do rio Vilcabamba. Além disso, uma polêmica medida cautelar foi impetrada em nome dos Direitos da Natureza quando a força pública realizou uma violenta operação contra a mineração informal na província de Esmeraldas, no noroeste do país, em maio de 2011.

Portanto, conscientes de que não será fácil cristalizar estas transformações no Equador, primeiro país que incorporou os Direitos da Natureza à Constituição, sabemos que sua aprovação será ainda muito mais complexa em nível mundial – principalmente porque tais transformações afetam os privilégios dos círculos de poder nacionais e transnacionais, que farão o impossível para deter este processo de emancipação. No entanto, desde que os Direitos da Natureza entraram em vigor, são evidentes suas contribuições para a construção de uma civilização pós-capitalista.

Com um marco referencial transformador, como a Constituição de Montecristi, a tarefa radica em enfrentar democraticamente a luta pela vida. Eis o que está realmente em jogo. É cada vez mais urgente dar início a uma estratégia internacional para impulsionar a Declaração Universal dos Direitos da Natureza.

Os Direitos Humanos e os Direitos da Natureza

A vigência dos Direitos da Natureza propõe mudanças profundas. Há que transitar do atual antropocentrismo ao biocentrismo – caminho que exige um processo de mutação sustentado e plural como requisito fundamental para uma grande transformação, nos termos concebidos pelo filósofo húngaro Karl Polanyi. Será um empreendimento essencialmente político, que nos obriga a incorporar permanentemente a questão do poder, que não se resolve simplesmente conquistando o governo.

A tarefa, nas palavras do brasileiro Roberto Guimarães, é organizar a sociedade e a economia assegurando a integridade dos processos naturais, garantindo os fluxos de energia e materiais da biosfera, sem deixar de preservar a biodiversidade.

Adotar a definição pioneira de que a Natureza é um sujeito de direitos constitui uma resposta de vanguarda à atual crise civilizatória – e, como tal, tem sido aceita por amplos segmentos da comunidade internacional conscientes de que é impossível continuar com um modelo de sociedade predatória, baseado na luta dos seres humanos contra a Natureza. A definição de bem-estar e riqueza como acumulação de bens materiais, como resultado do crescimento econômico e do consumo ilimitados, não se sustenta mais. Neste sentido, é necessário reconhecer que os instrumentos disponíveis para analisar estes assuntos já não servem. São instrumentos que naturalizam este padrão civilizatório, como se fosse inevitável. São conhecimentos de matriz colonial e eurocêntrica, como corretamente assinala o venezuelano Edgardo Lander.

Teremos de diferenciar cuidadosamente o que são os Direitos da Natureza e o que são os direitos dos povos indígenas. Existe o risco eurocêntrico de identificar Natureza com "selvagens" – ou, em outras palavras, de acreditar que a cultura pertence ao mundo ocidental civilizado enquanto a Natureza é coisa de índio. Isso seria uma aberração. Igualmente, seria grave que no mundo indígena os Direitos da Natureza fossem percebidos como uma tentativa de impor, externamente, condições às comunidades tradicionais – o que limitaria sua capacidade de autodeterminação.

Na busca do indispensável equilíbrio entre a Natureza e as necessidades dos seres humanos, reconhecer a Natureza como sujeito de direitos significa superar a tradicional visão constitucional do "direito a um ambiente saudável", que está presente no constitucionalismo latino-americano há muito tempo. Estritamente, tal como propõe Eduardo Gudynas, urge precisar que os direitos a um ambiente saudável são parte dos Direitos Humanos e que não necessariamente implicam Direitos da Natureza. A finalidade desta distinção é indicar que as formulações clássicas dos Direitos Humanos, ou seja, dos direitos a um ambiente saudável ou à qualidade de vida, são essencialmente antropocêntricas e devem ser compreendidas à parte dos Direitos da Natureza.

Nos Direitos Humanos, o centro está colocado na pessoa. Nos direitos políticos e sociais, ou seja, direitos de primeira e segunda geração, o Estado reconhece esses direitos ao cidadão como parte de uma visão individualista e individualizadora da cidadania, com os direitos civis, políticos, econômicos, sociais e culturais. A estes direitos se acrescem os direitos de quarta geração, difusos e coletivos, entre os quais se inclui o direito a que os seres humanos gozem de condições sociais equitativas e de um meio ambiente saudável. Com esta bateria de direitos, procura-se evitar a pobreza e a devastação ambiental, que provocam impactos negativos na vida das pessoas.

Esses direitos se inserem em uma visão clássica de justiça, que incorpora conceitos como imparcialidade perante a lei e garantias cidadãs. Para cristalizar os direitos econômicos e sociais, há que se dar espaço à justiça redistributiva ou justiça social, orientada a enfrentar a pobreza. Os direitos ambientais configuram a justiça ambiental, que atende às demandas dos seres humanos – sobretudo, grupos pobres e marginalizados – na defesa da qualidade de suas condições de vida afetadas por desastres ambientais. Nestes casos, quando há dano ambiental, os seres humanos podem ser indenizados, reparados ou compensados, tal como acontece com o processo movido contra a companhia Chevron-Texaco por um grupo de indígenas e agricultores do nordeste amazônico do Equador.[33]

Na Constituição de Montecristi, os direitos ambientais, ou seja, os Direitos Humanos de quarta geração, dão origem a mandatos constitucionais fundamentais. Um deles, que é chave, relaciona-se aos processos de desmercantilização da Natureza, como a proibição à adoção de critérios mercantis para os serviços ambientais: "Os serviços ambientais não serão suscetíveis de apropriação; sua produção, benefício, uso e aproveitamento serão regulados pelo Estado", diz o artigo 74.

No entanto, não se pode desconsiderar o uso de valores econômicos como um tipo de avaliação humana que em um momento determinado pode ser útil sobretudo para desenhar e concretizar políticas dentro dos processos de transição do antropocentrismo ao biocentrismo. Obviamente, nem toda avaliação econômica representa um preço.

---

33 Para conhecer o impacto social provocado pela transnacional na região, recomenda-se o trabalho de Carlos Beristain (2010).

A água foi declarada como um direito humano fundamental pela Assembleia Constituinte de Montecristi. Portanto, não pode ser vista como um negócio. No início do texto constitucional, no artigo 12, estabeleceu-se: "O direito humano à água é fundamental e irrenunciável. A água constitui patrimônio nacional estratégico de uso público, inalienável, imprescritível, impenhorável e essencial para a vida." Além disso, o artigo 318 proíbe toda forma de privatização da água.

A transcendência destas disposições constitucionais é múltipla:

- Como direito humano, superou-se a visão mercantil da água e recuperou-se a visão do "usuário", ou seja, do cidadão e da cidadã, em vez do "cliente", que se refere apenas a quem pode pagar;
- Como bem nacional estratégico, resgatou-se o papel do Estado na outorga dos serviços de água, atribuição em que o poder público pode ser muito eficiente, como já se demonstrou na prática;
- Como patrimônio, pensou-se a longo prazo, ou seja, nas futuras gerações, libertando a água de pressões imediatistas do mercado e da especulação; e
- Como componente da Natureza, reconheceu-se a importância essencial da água para a vida de todas as espécies, como sinalizam os Direitos da Natureza.

Esta conquista constituiu uma posição mundialmente avançada. Dois anos depois da incorporação do princípio constituinte sobre a água, a Assembleia Geral das Nações Unidas aprovou uma proposta apresentada pelo governo boliviano, declarando em 28 de julho de 2010: "O direito a uma água potável, limpa e de qualidade, e a instalações sanitárias é um direito humano, indispensável para gozar plenamente do direito à vida e de todos os direitos humanos."

A soberania alimentar – que incorpora a proteção do solo e o uso adequado da água, um exercício de proteção aos milhares de camponeses que vivem de seu trabalho e, certamente, à existência digna de toda a população – transformou-se em outro eixo condutor das normas constitucionais. Este deveria ser o ponto de partida das políticas agrárias e, inclusive, da recuperação do verdadeiro patrimônio nacional: a biodiversidade. Na Constituição se expressa inclusive a necessidade de obter soberania energética sem colocar em risco a soberania alimentar ou o equilíbrio ecológico.

Por outro lado, nos Direitos da Natureza, o centro está na Natureza, que, certamente, inclui o ser humano. A Natureza vale por si mesma, independentemente da utilidade ou dos usos que se lhe atribua. Isto representa uma visão biocêntrica. Estes direitos não defendem uma Natureza intocada, que nos leve, por exemplo, a deixar de cultivar a terra, de pescar ou de criar animais. Estes direitos defendem a manutenção dos sistemas de vida – do conjunto da vida. Sua atenção se volta aos ecossistemas, às coletividades, não aos indivíduos. Pode-se comer carnes, peixes e grãos, por exemplo, desde que se assegure que os ecossistemas sigam funcionando com suas espécies nativas.

Os Direitos da Natureza são representados por pessoas, comunidades, povos ou nacionalidades. A despeito dos que recusam esta proposta vanguardista, a Constituição é categórica, no artigo 71:

A Natureza ou Pacha Mama, *onde se reproduz e se realiza a vida, tem direito a que se respeite integralmente sua existência e a manutenção e regeneração de seus ciclos vitais, estruturas, funções e processos evolutivos. Toda pessoa, comunidade, povo ou nacionalidade poderá exigir*

da autoridade pública o cumprimento dos Direitos da Natureza.
Para aplicar e interpretar estes direitos, serão observados os
princípios estabelecidos na Constituição.

Para diferenciá-los dos direitos ambientais, os Direitos da Natureza – declarados pelo povo equatoriano, verdadeiro autor da Constituição por meio dos deputados constituintes que elegeu e do referendo que a ratificou com amplíssima maioria em 28 de setembro de 2008 – são considerados direitos ecológicos. Na Constituição equatoriana, diferentemente da boliviana, tais direitos aparecem de maneira explícita como Direitos da Natureza, orientados a proteger os ciclos vitais e os diversos processos evolutivos, não apenas as espécies ameaçadas e as reservas naturais.

Neste campo, a justiça ecológica pretende assegurar a persistência e sobrevivência das espécies e de seus ecossistemas como conjuntos ou redes de vida. Esta justiça é independente da justiça ambiental – embora, em última instância, toda intervenção no meio ambiente também afete o ser humano. Não está entre as incumbências da justiça ecológica indenizar comunidades pelos danos ambientais causados por outrem. A justiça ecológica se expressa na restauração dos ecossistemas afetados. Na realidade, deve-se aplicar simultaneamente duas justiças: a ambiental, para as pessoas, e a ecológica, para a Natureza.

De acordo com as reflexões de Eduardo Gudynas, os Direitos da Natureza necessitam e, ao mesmo tempo, dão origem a outra definição de cidadania, que se constrói no âmbito social, mas também no ambiental. São "cidadanias", no plural, já que dependem das histórias e dos ambientes, e acolhem critérios de justiça ecológica que superam a visão tradicional de justiça. Gudynas as denomina "meta-cidadanias ecológicas".

De acordo com o artigo 11 da Constituição equatoriana, todos os direitos podem ser exercidos, promovidos e exigidos de forma individual e coletiva diante das autoridades competentes – e estas garantirão seu cumprimento. Fazer respeitar esta disposição constitucional é, sem dúvida, um desafio na construção da cidadania ecológica. No artigo 395, ademais, se estabelece que os princípios ambientais se aplicarão de forma transversal e serão de cumprimento obrigatório pelo Estado em todos seus níveis e por todas as pessoas naturais ou jurídicas no território nacional; e que, em caso de dúvida, se aplicarão no sentido mais favorável à proteção da Natureza. Aliás, há que se caminhar na direção do que o advogado equatoriano Norman Wray considera como uma "comunidade natural", uma vez que os Direitos da Natureza ampliam a comunidade humana a uma outra comunidade, que incorpora todos os seres vivos.

Os Direitos da Natureza, uma tarefa local e global

A Humanidade requer respostas inovadoras, radicais e urgentes que permitam definir novos rumos para enfrentar os graves problemas globais. É necessário uma estratégia coerente para construir uma sociedade equitativa e sustentável, ou seja, uma sociedade que entenda que faz parte da Natureza e que deve conviver em harmonia com ela e dentro dela.

O passo constitucional do Equador acabou ganhando transcendência planetária. Já é um marco histórico. Na verdade, porém, a aprovação dos Direitos da

Natureza revitalizou uma discussão que estava presente em diversos lugares.

A conscientização mundial sobre os problemas ambientais tem algum tempo. A partir da metade do século 20 começou a aparecer uma série de instâncias preocupadas com a Terra: a União Internacional para a Conservação da Natureza, em 1948; a Conferência Científica das Nações Unidas sobre Conservação e Utilização de Recursos Naturais, em 1949; a Convenção das Nações Unidas sobre o Direito do Mar, em 1958; e o Tratado da Antártida, em 1959, estiveram entre as organizações e os eventos mais destacados da época.

Desde a Conferência Mundial sobre o Homem e o Meio Ambiente, ou Conferência de Estocolmo, em 1972, os problemas ambientais são definidos como temas que superam as fronteiras dos Estados nacionais. Uma queixa formal para exercer ações globais coordenadas foi formulada em 1980. No relatório *Norte-Sul: Um programa para a sobrevivência*, elaborado por uma comissão presidida pelo ex-chanceler alemão Willy Brandt, estabeleceu-se que

> *estamos cada vez mais, gostemos ou não, diante de problemas que afetam a humanidade em seu conjunto. Por isso, as soluções a estes problemas são inevitavelmente internacionais. A globalização dos perigos e os desafios demandam políticas internacionais que possam ir além dos temas locais ou, inclusive, nacionais.*

Já são inúmeras as conferências mundiais dedicadas ao meio ambiente, como a que ocorreu no Rio de Janeiro, em 1992, e em Joanesburgo, em 2002, com indubitável influência nos países e nas relações internacionais.

Na Conferência das Nações Unidas sobre Meio Ambiente e Desenvolvimento celebrada no Rio de

Janeiro, mais conhecida como Cúpula da Terra ou Eco-92, cristalizaram-se três tratados internacionais: a Convenção-Marco das Nações Unidas sobre Mudanças Climáticas, a Convenção das Nações Unidas sobre Diversidade Biológica e a Convenção das Nações Unidas de Combate à Desertificação, mais conhecidas como Convenções do Rio. Também vale mencionar o Protocolo de Kyoto, que, embora não tenha obtido os resultados esperados, foi adotado em 1997.

Apesar dos limitados resultados destas convenções, paulatinamente os problemas ambientais globais e as respostas a eles modificaram a forma de abordagem deste desafio e a visão dos seres humanos sobre a Natureza.

O Direito, as instituições, as políticas e as instâncias governamentais têm evoluído. Desde aquelas já longínquas declarações, mudanças foram introduzidas. Avançou-se muito, mas não o suficiente. A sociedade civil, com crescente consciência global, começa a dar início a uma série de ações e iniciativas. É cada vez mais evidente a necessidade de cooperar para proteger a vida do ser humano e do próprio planeta.

Retrocedendo um pouco no tempo para reconhecer alguns esforços da sociedade civil, surge a valiosa contribuição do jurista norte-americano Christopher Stone, *Should trees have standing?*, de 1972, considerado por Jörg Leimbacher como o "pai dos Direitos da Natureza". Igualmente valiosas foram as contribuições de Godofredo Stutzin e do pensador alemão Albert Schweizer.

Teríamos de destacar, uma vez mais, todas as contribuições e as lutas do mundo indígena, além das já mencionadas teorias científicas que consideram a Terra como um organismo vivo. Como reafirma a ecologista equatoriana Esperanza Martínez, os Direitos da Natureza "não provêm de uma matriz exclusivamente indígena". Neste sentido, todo o esforço por traduzi-los se inscreve em "uma reiteração da mestiçagem", pois propõe uma recuperação de elementos próprios de todas as culturas irmanadas pela vida – e que encontram na *Pacha Mama* o âmbito de interpretação da Natureza: um espaço territorial, cultural e espiritual.

Entre as contribuições não indígenas, destacamos o ambientalista inglês James Lovelock, as biólogas norte--americanas Lynn Margulis e Elizabeth Sahtouris e o filósofo brasileiro José Lutzenberger. Esses pensadores caracterizaram a Terra – rebatizada como Gaia – como um superorganismo vivo já nos anos 1970.

Nessas visões, como ressalta o teólogo brasilei-ro Leonardo Boff, é preciso reconhecer o caráter inter-retro-conexões transversais entre todos os seres: tudo tem a ver com tudo, em todos os pontos e em todas as cir-cunstâncias: é a relacionalidade do mundo indígena. Caberia assinalar também contribuições jurídicas da América Latina, com Raúl Eugenio Zaffaroni e Ramiro Ávila Santamaría; da Europa, com Jörg Leimbacher; e da África, com o jurista sul-africano Comac Cullinam, para mencionar alguns nomes de uma lista que cresce aceleradamente.

Como se vê, esta tese foi reconhecida em diversos âmbitos, inclusive na literatura. O escritor italiano Ítalo Calvino, com seu romance *O barão nas árvores*, de 1957, parte da trilogia que inclui *O visconde partido ao meio* e *O cavaleiro inexistente*, conta como Cosme Chuvasco de Rondó decide passar toda sua vida trepado em uma árvore e, dali, propõe, no romance ambientado duran-te a Revolução Francesa, "um Projeto de Constituição para cidades republicanas com direitos dos homens, das mulheres, das crianças, dos animais domésticos e selva-gens, incluindo pássaros, peixes e insetos, e tanto plantas de grande porte quanto hortaliças e ervas". Este é, sem dúvida alguma, um tratado de rebeldia e autoafirmação existencial.

Todos os esforços mencionados prepararam o terreno para caminhar em busca de um reencontro entre o ser humano e a Natureza – no final das contas, é disso que se trata. Então, se se propõe como opção desencadear uma ação global, esta deveria propiciar a Declaração Universal dos Direitos da Natureza.

Devemos assinalar que existem propostas nesse sentido.[34] A Carta da Terra, por exemplo, é uma tentativa de "constituição" do planeta, promovida no contexto das Nações Unidas desde o ano 2000. Outra é a Declaração Universal dos Direitos da Terra, impulsionada por EnAct International, organização liderada pelo já mencionado Comac Cullinam, que trabalhou durante muito tempo sobre essa matéria.

A Bolívia, cuja Constituição não prevê os Direitos da Natureza, assumiu importante liderança nessa questão. Após o fracasso da 15ª Conferência das Nações Unidas sobre Mudança Climática, ocorrida em Copenhague, em dezembro de 2009, o presidente Evo Morales convocou a Conferência Mundial dos Povos sobre Mudanças Climáticas e os Direitos da Mãe Terra, realizada em Cochabamba, em abril de 2010. Ali, além de se emitir a Declaração Universal dos Direitos da Mãe Terra, houve a proposta de criação de um tribunal internacional para julgar os delitos ambientais. Mais adiante, em julho de 2010, como já dissemos, a Bolívia obteve outra conquista substantiva com a declaração da água como um direito humano fundamental no seio das Nações Unidas.

---

34 Desde 1977, se impulsiona a Declaração Universal dos Direitos dos Animais, adotada pela Liga Internacional dos Direitos dos Animais e pelas ligas nacionais filiadas à terceira reunião sobre os direitos dos animais, celebrada em Londres.

Para impulsionar a Declaração Universal dos Direitos da Natureza, deve-se aprender com a chancelaria boliviana e formar um bloco de países que carreguem essa bandeira em um marco estratégico de colaboração e complementariedade internacional, considerando que essas ações levarão tempo para se cristalizar e que, portanto, com uma gestão diplomática profundamente renovada e renovadora, deveriam ser múltiplas e plurais para angariar aliados.

Não se trata apenas de uma ação em nível governamental. Bem sabemos que, não raro, resultados eleitorais podem colocar em risco o rumo traçado inicialmente – ou os governos que propõem determinadas iniciativas podem declinar de projetos que outrora impulsionaram. Isso exige atividades e campanhas propostas e dirigidas pela sociedade civil em nível nacional e internacional. Há muitos exemplos disso. As lutas inspiradas nos Direitos da Natureza, sobretudo logo depois de sua adoção constitucional no Equador, se multiplicam. No Brasil, para citar um caso, os Direitos da Natureza são um dos motores do enfrentamento contra a construção da Usina Hidrelétrica de Belo Monte, uma das maiores do mundo.

É preciso estudar todas as opções que podem ser adotadas internacionalmente, conscientes de que não é possível esperar que uma declaração como a que estamos propondo produza resultados imediatos. Os Direitos Humanos não surgiram como conceitos totalmente desenvolvidos. Desde a Revolução Francesa, em 1789, até a declaração universal, em dezembro de 1948, houve muitas lutas e também muitas frustrações acumuladas. Seu formato e sua aplicação implicaram – e continuam implicando – um esforço constante. Cada novo direito exige uma complexa ação política e esforços diplomáticos. Por exemplo, o direito humano à educação e ao trabalho, incorporado à Declaração Universal dos Direitos Humanos, exigiu um prolongado processo de debate e construção. Algo similar ocorreu com o Pacto Internacional sobre Direitos Econômicos, Sociais e Culturais e com a Declaração sobre os Direitos dos Povos Indígenas.

Não podemos esquecer o quanto é difícil que os Direitos Humanos, assumidos formalmente como um mandato universal em 1948, sejam aceitos na prática. Até hoje. Isso, porém, não é razão para desânimo.

É preciso vencer resistências conservadoras e posições prepotentes que camuflam uma série de privilégios. Há que superar visões tradicionais que consideram como sujeitos de direito apenas os seres que têm a capacidade de identificar o que é um direito – desconhecendo que existem até mesmo seres humanos incapacitados, por diversas razões, de assumir diretamente esses direitos, mas que, mesmo assim, não estão desprovidos de direitos. As crianças, por exemplo.

Nacionalmente, para avançar neste campo, há que dar espaço a diversas e plurais estratégias de ação para traduzir em leis, normas, indicadores[35] e políticas os avanços obtidos no campo constitucional. Faz-se necessário propostas específicas no que se refere à biodiversidade, ao patrimônio cultural, aos ecossistemas, aos recursos naturais renováveis e não renováveis – e também aos conceitos sobre responsabilidade jurídica ambiental, tanto individual como coletiva.

No âmbito internacional, a tarefa não é menos complexa. A estrita vigência dos Direitos da Natureza exige a existência de marcos jurídicos e instâncias internacionais adequadas, como, por

---

35 Ver uma primeira proposta de indicadores e processos para avaliar as violações aos Direitos da Natureza elaborada por Pablo Yépez e Stella de la Torre em março de 2012. Disponível em <https://goo.gl/2JtaC9>.

exemplo, o já mencionado tribunal internacional para punir delitos ambientais. Os problemas ecológicos são temas que dizem respeito à Humanidade em seu conjunto. E a sociedade civil pode fazer muito. Aqui, vale mencionar as ações desencadeadas por diversas organizações e pessoas de todos os continentes para constituir o primeiro Tribunal Ético Permanente pelos Direitos da Natureza e da Mãe Terra, cuja sessão inaugural ocorreu em janeiro de 2014, em Quito, no Equador.

Em última instância, reconheçamos que, se a Natureza inclui os seres humanos, seus direitos não podem ser vistos como isolados dos direitos do ser humano, embora tampouco devam ser reduzidos a eles. Inversamente, os Direitos Humanos – como o direito ao trabalho, à moradia ou à saúde – devem ser compreendidos também em termos ambientais. Isto exige que elaboremos uma reconceitualização profunda e transversal dos Direitos Humanos em termos ecológicos, pois, definitivamente, a degradação da Natureza destrói as condições de existência da espécie humana. Portanto, atinge todos os Direitos Humanos.

Os Direitos Humanos e os Direitos da Natureza, que articulam uma "igualdade biocêntrica", sendo analiticamente diferenciáveis, se complementam e transformam em uma espécie de direitos da vida e direitos à vida. É por isso que os Direitos da Natureza, imbricados cada vez mais com os Direitos Humanos, instam a construir

democraticamente sociedades sustentáveis a partir de cidadanias plurais pensadas também desde o ponto de vista da ecologia.

É necessário entender os Direitos da Natureza como "uma reação ao choque de visões, não [com objetivo de provocar uma] fratura, mas de costura de estéticas, emoções, desejos, conhecimentos e saberes",[36] que são elementos consubstanciais do Bem Viver. Precisamos de um mundo reencantado[37] com a vida, abrindo caminhos de diálogo e reencontro entre os seres humanos, enquanto indivíduos e comunidades, e de todos com a Natureza, entendendo que todos os seres humanos formamos parte da Natureza e que, no final das contas, somos Natureza.

---

36 N. do T.: "Los derechos de la naturaleza surgen de una reacción al choque de dos visiones, ya no de fractura, sino de costura de estéticas, de emociones, deseos, conocimientos y saberes que permitan un mestizaje menos tormentoso. Abrir caminos de diálogo y de reencuentro, de síntesis y construcciones para desarrollar sociedades que vivan en, con, por y para la naturaleza", no original. Esperanza Martínez, *La naturaleza entre la cultura, la biología y el derecho*. Instituto de Estudios Ecologistas del Tercer Mundo & Editorial Abya-Yala. Quito, 2014. Pág. 42.

37 Tal como propõe Morris Berman em seu livro de 1987, cuja contribuição serve para retificar a epistemologia dominante e também para constuir um novo paradigma.

7. O complexo desafio da construção de um Estado plurinacional

*A passagem do Estado-nação para o Estado
plurinacional, comunitário e autonômico,
é um grande desafio. Trata-se de abandonar
a modernidade, a história da soberania na
modernidade, a história do Estado na modernidade,
a história da relação entre Estado e sociedade,
uma história que estabelece uma separação entre
governantes e governados (...) Deixamos para
trás uma história de colonização e dominações
polimorfas (...) Deixamos para trás, então,
a ilusão que originou os Estados-nação subalternos.*
Raúl Prada Alcoreza

Para compreender melhor o que significa um Estado plurinacional é importante resgatar rapidamente alguns elementos básicos do debate sobre o Estado.[38] Ao longo da história, foram permanentes as lutas políticas para controlar e construir o Estado em função de determinados interesses. Em algumas ocasiões, sociedades foram organizadas em torno do Estado. Em outras, o Estado foi um fator para estruturar a sociedade. O Estado significa

---

38 Um trabalho recomendável é o de Isabella Radhuber, *Der plurinationale Staat in Bolivien* (2013), que propõe uma leitura das diversas teorias do Estado e as confronta com o significado do Estado plurinacional.

ou sintetiza de alguma maneira um espaço de dominação, ou seja, um espaço de expressão do poder político. Sua crise, em um permanente processo de múltiplas disputas e como parte da crise orgânica do capitalismo, como anota o sociólogo boliviano Raúl Prada Alcoreza, tem sido recorrente.

A ambiguidade fundacional da nação e seus modelos de Estado e sociedade na América Latina – sustentados na colonialidade do poder, uma colonialidade que não é apenas europeia – resultaram excludentes e limitantes para o desenvolvimento das capacidades culturais, sociais e produtivas na região. Os Estados-nação subalternos se explicam pela lógica do sistema-mundo, pois são Estados formados e existentes dentro da lógica de acumulação do capitalismo.

Na América Latina, particularmente, o "Estado mínimo" – o Estado neoliberal – entrou em crise. É aquele Estado que se dizia capaz de inserir cada vez mais os países da região ao mercado mundial, em um processo de crescente e incontrolada mercantilização. O Estado neoliberal abria fronteiras a produtos estrangeiros e dava garantias ao capital forâneo, inclusive reprimindo amplos segmentos da sociedade. E tudo para provocar o desejado desenvolvimento. No entanto, sem minimizar a crise do Estado neoliberal, devemos entender que também está em crise – e já faz muito tempo – o Estado colonial sobre o qual se fundou o Estado oligárquico que, por sua vez, é a base do Estado neoliberal. Assim, estamos passando por uma crise do Estado-nação em seu último nível.

Estas múltiplas crises do Estado nos levam a entender melhor os processos de luta dos povos de alguns países da América Latina, como Bolívia, Equador ou Peru. Nestes países, registram-se processos emancipadores, movidos pela necessidade imperiosa de superar os profundos vícios coloniais. A tarefa é construir outro Estado, um Estado que assuma, com princípios de igualdade e liberdade, as múltiplas diversidades existentes nestes países, normalmente marginalizadas ou subjugadas. No horizonte de várias sociedades, aparece o Estado plurinacional.

Na Bolívia e no Equador, o Estado plurinacional foi alçado à categoria constitucional – o que não implica necessariamente que bolivianos e equatorianos vivam um Estado plurinacional. Ainda há um longo caminho a ser percorrido pela Bolívia, onde mais se avançou nesta direção. No Equador, pouco ou nada foi feito. É óbvio que tão somente uma declaração constitucional não assegura, na prática, a existência ou a construção de um Estado plurinacional e intercultural. A realidade não muda com uma Constituição, por mais vanguardista que seja. No entanto, o debate está instalado nestes países e em outros da região. No Peru, por exemplo, dentro de algum tempo, é possível antecipar que essa questão seja abordada seriamente inclusive no plano constitucional.

Estado plurinacional e nação

A plurinacionalidade não nega a nação, mas propõe outra concepção de nação. Reconhece que não existe apenas uma nação ou apenas uma nacionalidade. Assume uma nação de nacionalidades diversas que têm convivido em estado de permanente enfrentamento.

O Estado "moderno" e liberal, herdeiro de estruturas e práticas coloniais, sobre o qual se estabeleceu um esquema de dominação oligárquico, uma e outra vez tratou de embranquecer a sociedade, negar e apagar diversidades, ignorar ou reprimir a existência de culturas e línguas dos povos e nacionalidades que existiam antes da Conquista.

A plurinacionalidade, enquanto nova concepção de organização social, resgata a pluralidade de visões étnicas e culturais para repensar o Estado. Para mencionar apenas algumas referências, os direitos coletivos – e não apenas os direitos individuais – também são importantes. Igualmente, interessa uma nova forma de relacionar-se com a Natureza, que abriria as portas a uma cidadania ambiental e ecológica, tal como já discutimos.

Em sociedades carregadas de racismo e com deficiências democráticas históricas, a construção de um Estado plurinacional se converte não apenas em desafio, mas em necessidade. Portanto, é preciso dar respostas a temas-chave, como a discriminação racial e as distintas formas de pertencimento ao território.

O racismo, cicatriz da colonialidade

O racismo não é apenas um problema social. O racismo, que serviu para legitimar a Conquista, ao considerar que há raças e que estas podem hierarquizar-se, é um problema político. E, como tal, expressa-se também como uma questão de segregação econômica, exclusão e marginalização. É, inclusive, um problema de caráter ambiental, pois não se respeitam os ecossistemas e territórios onde habitam povos e nacionalidades indígenas ou comunidades negras. A segregação racial surge nas áreas urbanas quando grupos racialmente marginalizados, muitas vezes, se veem forçados a viver nos lugares mais precários.

O racismo é, nas palavras de Aníbal Quijano, "a mais profunda e perdurável expressão da dominação colonial, imposta sobre a população do planeta durante a expansão do colonialismo europeu". Nos inícios da Colônia, considerava-se, inclusive, que os indígenas não tinham alma. Desde então, o racismo tem sido a mais arraigada e eficaz forma de dominação social, material, psicológica e, certamente, política.

As manifestações do racismo são múltiplas. Não surpreende que negros e indígenas sejam os grupos humanos mais empobrecidos, explorados e vulneráveis. O desemprego ou a carência de serviços de educação ou saúde os atingem com muito mais força. Além disso, são discriminados nas instâncias de participação política e no exercício da democracia.

Um parêntesis: os povos e nacionalidades, sem necessidade de fazer uma apologia a suas formas de tomar decisões coletivas, dispõem de processos deliberativos mais democráticos que os da conhecida sociedade ocidental. A vida comunitária em si mesma é uma mostra destes exercícios de democracia. E estas práticas, que poderiam servir para repensar nossa democracia, são simplesmente ignoradas graças à mesma e persistente discriminação. Esta aceitação não implica desconhecer as limitações de se colocar em prática este tipo de democracia assembleísta em comunidades muito numerosas. De todas as maneiras, sem pretender citar como exemplo a ser copiado ao pé da letra, se poderia mencionar a democracia direta da Suíça, com seu interessante e não menos complexo sistema de consultas ou referendos populares vinculantes.

O desafio é vislumbrar a plurinacionalidade como exercício de democracia inclusiva, mas, sobretudo, como proposta de vida na diversidade, em maior harmonia e proximidade com a Natureza. A plurinacionalidade, então, não pode deixar de ser lida junto com outras definições que guardam relação com o território e com o manejo das riquezas naturais. Em um exercício permanente de resistência e também de construção, sobretudo nestas últimas décadas, os povos e nacionalidades foram atores locais, nacionais e internacionais nas lutas democráticas.

Plurinacionalidade como caminho emancipador

Com suas lutas, os povos e nacionalidades demandam o exercício pleno da democracia, a construção de cidadanias coletivas, o respeito à multiculturalidade e a prática da interculturalidade, das liberdades e das oportunidades, sem exclusões. Nessa linha de reflexão, a construção do Estado plurinacional pavimenta um caminho de democracia continuada.

A plurinacionalidade não é apenas o reconhecimento passivo da diversidade de povos e nacionalidades. É fundamentalmente uma declaração pública do desejo de incorporar perspectivas distintas de sociedade. O Estado plurinacional coloca na agenda o tema das soberanias, no plural: não apenas a soberania nacional, mas a soberania patrimonial.[39] Raúl Prada Alcoreza nos fala, com razão, da "polissemia de seus significados", destacando "sobretudo um, em que soberania tem a ver com a legitimidade do poder".

É justo reconhecer que foram os povos e nacionalidades que majoritariamente evitaram a apropriação e destruição da Natureza. Nesse sentido, a construção de um Estado plurinacional não apenas deve tolerar a diversidade: deve, sobretudo, celebrá-la. Serão estas reflexões válidas para outras realidades alheias à América Latina? Poderiam, por exemplo, colaborar com a constituição de um Estado europeu plurinacional?

---

39 A lista de soberanias é longa: alimentar, energética, cultural, econômica, monetária, do corpo... Ver Acosta e Martínez (2010).

Plurinacionalidade e interculturalidade nos remetem a uma noção de Estado formado por nações unidas e por identidades culturais vigorosas, com um passado histórico e, principalmente, com uma vontade de integração que supere a marginalização exploradora dos povos e nacionalidades. Foi assim que, em uma tradição democrática de intolerância com abusos e corrupção, os povos e nacionalidades, que muitas vezes lideraram os enfrentamentos aos governos neoliberais nos últimos anos, propuseram a construção do Estado plurinacional.

Aceitar essa matriz originária, além de enriquecer culturalmente as sociedades, permitirá que comecemos a superar as práticas e as percepções racistas que temos cultivado.

A plurinacionalidade não implica pensar uma estrutura parcializada do Estado. Não se deseja apenas construir uma parte do Estado dedicada a atender aos interesses indígenas ou negros. A plurinacionalidade não é só para as comunidades indígenas ou negras. A proposta de um Estado plurinacional é muito mais ampla e complexa. E começa, no caso de Equador e Bolívia, a forjar-se nos anos 1990 como processo político vinculado a problemas e reivindicações de identidade, território ou água.

Nesta época, as organizações indígenas emergem com força renovada, exigindo espaço na vida política. Sua ação se dirige às reivindicações por um lugar como sujeitos políticos dentro de suas respectivas sociedades, superando a objetificação a que haviam sido sistematicamente degradadas pelos poderes coloniais e oligárquicos – e, inclusive, em muitas ocasiões, por aqueles que assumiram posições à esquerda. Não podemos desconhecer e criticar o discurso e a prática de certos grupos de esquerda que entendiam a "questão indígena" exclusivamente como um enfrentamento entre capital e trabalho. Para estes grupos, os indígenas eram simplesmente explorados do campo: camponeses assimiláveis à lógica sindical. Por isso, não surpreende que, atualmente, as críticas ao Estado plurinacional tenham surgido em vários lados, não apenas oligárquicos e neoliberais, mas também nos campos do "socialismo conservador" ou de intelectuais positivistas.[40]

Os indígenas irromperam com força nesse contexto de resistências e construções. Assumiram-se como sujeitos e rechaçaram o paternalismo excludente. É muito importante ter em mente que não emergiram simplesmente como sujeitos individuais, mas como sujeitos comunitários, portadores de direitos coletivos. Isso é fundamental. Essa posição abre as portas à recuperação da diversidade como pedra basilar para a plurinacionalidade e, consequentemente, para o Bem Viver.

Outro ponto importante é reconhecer e aceitar formas de organização social que antecedem à Conquista. De nenhuma maneira se propõe uma espécie de recuperação arqueológica para construir novas sociedades, como se fossem museus sociológicos. Recuperando valores fundacionais dos povos e nacionalidades, porém, se poderá construir sociedades dinâmicas. O que poderíamos definir como nação cívica tem

---

40 Não é apenas no que se refere ao Estado plurinacional que existem críticas surgidas de vertentes "progressistas". Também há várias críticas ao Bem Viver e aos Direitos da Natureza. Por exemplo, pode-se consultar os artigos de Sánchez Parga (2011) para o caso equatoriano ou de Mancilla (2011) para o caso boliviano, em que se sente falta de um debate mais sério e aprofundado.

a possibilidade de coexistir com várias nações culturais, ou seja, com aqueles povos e nacionalidades que existiam antes da Conquista, e que têm resistido às estruturas de dominação e exploração da Colônia e também da República.

A falta de compreensão e aceitação das verdadeiras raízes de muitos países latino-americanos talvez explique a existência de Estados (quase) fracassados ou nações que simplesmente não conseguem amadurecer. O problema surge por jamais terem assumido e incorporado seus povos e nacionalidades. A plurinacionalidade não dissolve os Estados, mas exige espaços de autogoverno e autodeterminação. Isso, obviamente, traz implícito um difícil choque com quem defende a tese do Estado-nação tradicional.

Nesta perspectiva, cabe recuperar uma riquíssima história de propostas falidas ou exitosas ao redor do planeta, tal como explica Boaventura de Sousa Santos. Há uma espécie de legislação internacional expressa na Convenção 169 da Organização Internacional do Trabalho ou na Declaração das Nações Unidas sobre os Direitos dos Povos Indígenas. Mas a conquista mais importante até agora está nas constituições de Equador e Bolívia, que instam suas sociedades a construir Estados plurinacionais e que, simultaneamente, alimentam o debate na região.[41] Não interessa tanto que se tenha avançado muito ou pouco nos processos desencadeados na esteira dessas conquistas constitucionais. O que importa é a possibilidade de vislumbrar os desafios que tais conquistas representam.

A discussão constituinte marca o começo de um renovado processo de descolonialidade do poder. Um novo horizonte histórico está surgindo. Ele implica a emancipação em relação ao eurocentrismo – uma emancipação que convoca a uma luta social para prescindir do capitalismo. Essa será a única maneira de deixar para trás as formas de existência social caracterizadas pela dominação, pela discriminação racista, etnicista e sexista, e pela exploração econômica. Isso exige novas formas de comunidades, novas formas de expressão da diversidade social, assim como da solidariedade e da reciprocidade. Igualmente, sinaliza com o fim da homogeneidade institucional do Estado-nação, construindo instituições distintas, assegurando as igualdades nas diversidades. Este novo Estado terá de aceitar e propiciar as autonomias territoriais dos povos e nacionalidades. Tudo isto, em essência, significa a produção democrática de uma sociedade democrática, como parte de um processo continuado e de longo prazo.

Mas deve ficar absolutamente claro, como já apontamos anteriormente, que uma Constituição que estabelece a plurinacionalidade, por si só, não garante que o Estado

41 Para compreender o processo boliviano, recomenda-se, além das contribuições de Isabella Radhuber, os trabalhos de Raúl Prada Alcoreza, Oscar Vega Camacho e Luis Tapia, que, sem dúvida, são os que mais séria e responsavelmente têm analisado este difícil e apaixonante processo constitucional. No caso equatoriano, não existem tantas contribuições sobre o tema, mas se pode destacar o artigo de Floresmilo Simbaña, além de documentos-base preparados pela Confederação de Nacionalidades Indígenas do Equador para o processo constituinte de 2007 e 2008.

seja plurinacional. E jamais haverá plurinacionalidade enquanto a Constituição não seja encarada e assumida como um projeto de vida em comum por toda a sociedade, com vistas à construção de outro país. Não será realidade se a sociedade, os indivíduos e as coletividades não se apropriarem dos significados de uma Constituição.[42]

A Constituição não é apenas o documento jurídico mais político de todos e o documento político mais jurídico de todos. A Constituição é fundamentalmente um projeto de vida em comum. Eis a essência de uma Constituição transformadora. No caso de Equador e Bolívia, trata-se de um projeto de vida plurinacional, uma caixa de ferramentas onde estão os direitos, as obrigações e as instituições, em suma, os elementos básicos para construir a plurinacionalidade.

"Sua aplicabilidade, sua construção e seu exercício são o grande desafio" de toda a sociedade, recorda a advogada equatoriana Nina Pacari. Uma tarefa que, consequentemente, não recai apenas sobre os povos e nacionalidades indígenas.

O Bem Viver como base do Estado plurinacional

Do que foi dito acima se deriva a necessidade de recuperar as práticas das comunidades indígenas,

---

42 Sem dúvida, essa exigência ganha muita força em países como o Equador, que desde 1830 já viveu sob vinte constituições. Um recorde lamentável, pois representa um desrespeito quase permanente às instituições. Por isso, causa indignação que a Constituição de 2008 esteja sendo desmontada e desrespeitada pelo governo que contribuiu com sua redação e aprovação.

assumindo-as como são, sem idealizá-las. Não se trata de colocar remendos sobre o Estado que temos. Para construir um Estado diferente, não se propõe uma simples sobreposição de ideias indigenistas às atuais estruturas ou uma justaposição de propostas e visões indígenas e não indígenas. O Estado plurinacional não é um Estado híbrido. Tem de ser outro Estado, no sentido de outra sociedade e outra proposta de vida – ou seja, o Bem Viver. Daí se conclui, com Boaventura de Sousa Santos, que a plurinacionalidade implica outro projeto de país.

Enquanto boa parte das posturas sobre desenvolvimento convencional, e inclusive muitas das correntes críticas, propagam-se dentro dos saberes ocidentais próprios da Modernidade, as propostas do Bem Viver, mais recentes, escapam a esses limites. Como já mencionamos, recuperam posturas-chave ancoradas nos conhecimentos e saberes próprios dos povos ou nacionalidades originárias – inclusive de outras latitudes. Daí nasce a discussão sobre uma série de ideias e posturas englobadas sob o rótulo do Bem Viver.

O Bem Viver, como conceito plural e em construção, flui no campo dos debates teóricos. Há avanços práticos, porém, entre os povos e nacionalidades indígenas. Passos substantivos se registram na construção política, como nas constituições de Bolívia e Equador. Além da diversidade de posturas no interior do Bem Viver, surgem importantes elementos unificadores, tais como a contestação ao desenvolvimento e ao progresso ou a exigência de outra relação com a Natureza. O Bem Viver não é, pois, mais uma ideia de desenvolvimento alternativo dentro de uma longa lista de opções: se apresenta como uma alternativa a todas elas.

Isso nos leva, necessariamente, como já fizemos, a questionar o próprio conceito de desenvolvimento enquanto visão unívoca e unidirecional originada há algumas décadas nos centros de poder. Nos últimos anos, em diversas partes do planeta, surgiram interessantes debates sobre a lógica de produzir cada vez mais, de possuir cada vez mais, de ser cada vez mais, de fazer as coisas com cada vez maior velocidade. Há, então, dentro da visão do Bem Viver, elementos que não apenas se circunscrevem às realidades andinas e amazônicas, mas que se projetam em outras regiões.

Fala-se em construir sociedades sustentadas na harmonia das relações dos seres humanos com a Natureza, do ser humano consigo mesmo e dos seres humanos com outros seres humanos. Isso não implica a visão milenarista de um paraíso harmônico. Este processo não exclui lutas sociais: lutas que são múltiplas e diversas, como são múltiplas e diversas as formas de exploração, dominação e exclusão provocadas pelo capitalismo.

Estas lutas, porém, não se esgotam na luta de classes. Há que enfrentar as sociedades patriarcais, as sociedades racistas e as sociedades com enormes e crescentes conflitos intergeracionais – para mencionar alguns desdobramentos dos conflitos do capitalismo.

Os princípios do *Buen Vivir*, expressos pela Constituição equatoriana de 2008, por exemplo, se apresentam paralelamente, com a mesma hierarquia, a outros princípios clássicos, como igualdade, inclusão, dignidade, liberdade, respeito, participação política com equidade social e de gênero, bem-estar comum, responsabilidade, justiça social etc.[43] Por sua vez, estes princípios estão vinculados diretamente à forma de organização econômica do Estado, que também incorpora conceitos como solidariedade e reciprocidade, com suas múltiplas dimensões.

A ideia do Bem Viver está diretamente atrelada aos saberes e às tradições indígenas. Portanto, há um esforço deliberado para visibilizar concepções que estiveram ocultas e subjugadas por um longo tempo.

Já dissemos que o Bem Viver questiona o capitalismo, que, em essência, acelerou o divórcio entre seres humanos e Natureza. Mas o Bem Viver também critica os socialismos realmente existentes, ou seja, os socialismos antropocêntricos, como aponta Oviedo Freire. O Bem Viver, enquanto expressão de democracia radical, questiona toda forma de autoritarismo.

Nesta perspectiva, o Bem Viver se projeta como uma proposta de transformação civilizatória. E, por isso mesmo, adquire cada vez mais vigor também fora do mundo andino e amazônico, para além de seus desafios plurinacionais. Em seu cerne, como já dissemos, está um grande passo revolucionário que nos insta a abandonar visões antropocêntricas e trilhar um caminho rumo a visões sociobiocêntricas, com as consequências políticas, econômicas e sociais que hão de surgir no processo.

---

43 Estes princípios abrem espaço a diversas interpretações e também a conflitos, como os que vislumbra Atawallpa Oviedo Freire, que não aceita a incorporação de vários princípios "liberais" na essência do Bem Viver.

Democracia radical na diversidade

A proposta de um novo Estado deve incorporar dois elementos-chave: o Bem Viver e os Direitos da Natureza, a partir dos quais devem se consolidar e ampliar os direitos coletivos ou comunitários. Não há contradição com a participação cidadã, pois não se trata de uma democracia que abra as portas unicamente à cidadania individual-liberal: há também cidadanias coletivas e comunitárias. Além disso, os Direitos da Natureza necessitam e, ao mesmo tempo, dão origem a outro tipo de cidadania, que se constrói no contexto ambiental. Como já dissemos, esse novo tipo de cidadania é plural, já que depende das histórias sociais e do meio ambiente. E acolhe critérios de justiça ecológica que superam a visão tradicional de justiça. Eduardo Gudynas denomina estas cidadanias como "meta-cidadanias ecológicas". Para alcançá-las, há que consolidar e ampliar a vigência do pluralismo jurídico, assim como a prática da gestão pública, com critérios plurinacionais e interculturais que assegurem uma maior e efetiva participação cidadã e comunitária.

Todos estes são temas de debate do neoconstitucionalismo transformador, que é essencialmente descolonizador. É óbvio que, se se quer superar a colonialidade do poder, do saber e do ser, haverá que se fazer um esforço de descolonização profunda. De acordo com a socióloga norte-americana Catherine Walsh, isso exige práticas interculturais permanentes em todos os âmbitos da vida em coletividade.

Exige dar espaço a esquemas de redistribuição da riqueza e do poder, assim como de construção de equidades, no plural, pois não está em jogo apenas a luta de classes: está em jogo a superação efetiva do conceito de "raça" enquanto elemento configurador das sociedades. Também é necessário desmontar as estruturas patriarcais.

A plurinacionalidade presente nas constituições da Bolívia e do Equador representa um ressarcimento histórico aos povos e nacionalidades. Simultaneamente, é uma oportunidade para que estas sociedades aprendam com a alteridade, assumindo um compromisso de convivência democrática e equitativa, em que a busca pela harmonia deve ser a marca das relações dos seres humanos entre si e destes com a Natureza. Esse empenho reconhece a interculturalidade como parte fundamental da plurinacionalidade. A proposta pode ser sintetizada, ademais, no exercício prático e diário de reconhecimento das diversidades. Trata-se de uma vida em comum, marcada não pela exclusão, que, como observa o filósofo boliviano Luis Tapia, ainda persiste nos governos *caudillescos* do Equador e da Bolívia, mas pela inclusão efetiva e não subordinada.

Em suma, o neoconstitucionalismo transformador, sobre o que se fundamenta a construção do Estado plurinacional, é eminentemente participativo. Trata-se de um ponto de partida – e não de chegada – para construir alternativas ao desenvolvimento e para superar as aberrações do antropocentrismo, que coloca em grave risco a existência do ser humano sobre a Terra.

A tarefa é aprender desaprendendo, aprender e reaprender ao mesmo tempo, como argumenta Nina Pacari. Uma tarefa complexa e difícil, que exigirá cada vez mais democracia, nunca menos. Consequentemente,

a consolidação constitucional depende do aprofundamento da democracia em sociedades multi ou pluriculturais, que incluam populações historicamente marginalizadas.

Concluamos aceitando que o desafio é extremamente complexo, mas não impossível. Para enfrentá-lo, em primeiro lugar, se requer clareza sobre os "horizontes do Estado plurinacional", horizontes que foram sintetizados por Raúl Prada Alcoreza ao assinalar que

> a passagem do Estado-nação para o Estado plurinacional, comunitário e autonômico é um grande desafio. Trata-se de deixar para trás a modernidade, a história da soberania na modernidade, a história do Estado na modernidade, a história da relação entre Estado e sociedade, uma história que define a separação entre governantes e governados, entre sociedade política e sociedade civil, em um contexto matricial onde se demarcou a relação entre dominantes e dominados a partir de mecanismos de dominação e diagramas de poder que atravessam os corpos e os territórios, incidindo nas condutas e comportamentos, na administração da terra e dos territórios, na exploração da força de trabalho. Deixar para trás uma história de colonização e dominações polimorfas arraigadas no mundo, onde a geopolítica da economia-mundo e do sistema-mundo capitalista divide o planeta entre centro e periferia, racializando a exploração da força de trabalho e controlando as reservas de recursos naturais, estabelecendo uma divisão planetária do trabalho, convertendo os países periféricos em exportadores de matérias-primas e reservas

de mão de obra barata, transferindo, mais tarde, tecnologia obsoleta a alguns desses países que entraram tardiamente na Revolução Industrial, deslocando para eles a indústria pesada, considerada de alto e massivo investimento de capital, mas com baixos rendimentos a médio e longo prazo, preferindo optar, por isso, pela circulação do capital financeiro, que rende grandes benefícios a curto prazo. Deixar para trás, assim, a ilusão que provocaram os Estados-nação subalternos, com o fim das guerras de independência e as lutas de libertação nacional, a ilusão de nossa independência e igualdade no concerto das nações, no marco hierárquico das Nações Unidas.

Há que se construir, durante a caminhada, uma nova história. Para tanto, é indispensável "uma nova democracia, pensada e sentida a partir das contribuições culturais dos povos originários. Uma democracia inclusiva, harmônica e respeitosa à diversidade", pontua Nina Pacari. Tudo como parte das propostas de transformações profundas, civilizatórias, em que se deve enfatizar a garantia simultânea da pluralidade e da radicalidade.

8. Outra economia para outra civilização

Uma vez que se alcançou o topo da glória,
é uma argúcia muito comum dar um chute na
escada utilizada para a ascensão, privando os
demais da possibilidade de subir atrás. Eis o
segredo da doutrina cosmopolita de Adam Smith
(...) Para qualquer nação que, por meio de
impostos protecionistas e restrições à navegação,
tenha elevado seu poder industrial e sua
capacidade de transporte marítimo até um grau
de desenvolvimento que nenhuma outra nação
possa sustentar uma livre competição com ela,
nada será mais sábio que eliminar a escada pela
qual se subiu às alturas e pregar a outras nações
os benefícios do livre comércio, declarando em tom
penitente que sempre esteve equivocada, vagando
pelos caminhos da perdição, e que agora, pela
primeira vez, descobriu o caminho da verdade.
Friedrich List

O Bem Viver, enquanto alternativa ao desenvolvimento, exige outra economia. Uma economia sustentada naqueles princípios fundacionais desta proposta pós-desenvolvimentista, entre os que destacamos a solidariedade e a sustentabilidade, além da reciprocidade, a complementariedade, a responsabilidade, a integralidade (todos os seres vivos somos necessários ao planeta), a suficiência (e, de alguma maneira, também a eficiência), a diversidade cultural e a identidade, as equidades e, claro, a democracia.

A partir da ideia de solidariedade, busca-se outro tipo de relações de produção, de intercâmbio, de consumo, de cooperação, de acumulação de recursos financeiros, de distribuição de renda e riqueza e dos fatores de produção.

Um ponto medular desta economia solidária radica em estabelecer "critérios de suficiência" antes de sustentar a lógica da eficiência, entendida como acumulação material cada vez mais acelerada – diante da qual vacila até mesmo a democracia.

Tudo o que já escrevemos propõe – como meta utópica – a construção de relações harmoniosas da coletividade, e não apenas de individualidades somadas arbitrariamente. Sociedades imersas na competitividade movem-se na direção de uma distopia. Nosso objetivo é construir um sistema econômico sobre bases comunitárias, orientadas por princípios diferentes dos que propagam o capitalismo.

Esta economia, então, deve ser ambientalmente sustentável. Ou seja, deve assegurar desde o início e em todo momento processos econômicos que respeitem os ciclos ecológicos, que possam manter-se no tempo sem ajuda externa e sem que se produza escassez de recursos. E também deve ser sustentável em termos sociais, o que implica um sólido pilar democrático.

Para alcançar esse duplo objetivo – solidariedade e sustentabilidade – será preciso transitar por caminhos que permitam ir deixando para trás as lógicas de devastação social e ambiental dominantes. O maior desafio das transições encontra-se em superar os padrões culturais assumidos por amplos segmentos da população, que apontam a uma acumulação de bens materiais cada vez maior. Esta busca não assegura necessariamente um crescente bem-estar dos indivíduos e coletividades, tal como já se demonstrou nos países considerados desenvolvidos. A principal preocupação dos economistas ortodoxos é combinar trabalho, capital e recursos naturais para assegurar um permanente crescimento econômico e uma maior acumulação do capital, sem se preocupar pela solidariedade e pela sustentabilidade. Esse empenho é o que provoca os resultados daninhos que afetam a maioria da população e o próprio planeta.

Com o fim de enfrentar a economia ortodoxa, em quaisquer de suas versões, há que dar espaço a uma grande transformação, não apenas nos aparatos produtivos, mas também nos padrões de consumo. É preciso consumir diferente, melhor e, em alguns casos, menos, obtendo melhores resultados em termos de qualidade de vida. Deve-se construir outra lógica econômica, que não radique na ampliação permanente do consumo em função da acumulação do capital.

Consequentemente, esta proposta econômica tem de se basear em uma crescente autodependência comunitária, superando o consumismo e o produtivismo. Há que desmontar tanto a economia do crescimento como a sociedade do crescimento. O decrescimento, por si só, não tem por que representar automaticamente uma melhoria social ou ecológica se não vem acompanhado por outras transformações. E não se pode confundir decrescimento com recessão.

Uma nova economia – solidária e sustentável – deve, então, permitir a satisfação das necessidades atuais sem comprometer as possibilidades das gerações futuras, em condições que assegurem relações cada vez mais harmoniosas do ser humano consigo mesmo, dos seres humanos com seus congêneres e dos seres humanos com a Natureza. É disso que fala o Bem Viver.

Já não se trata somente de se opor à exploração da força de trabalho e de recuperar o tempo livre para os trabalhadores. Isso é muito importante, claro, mas há algo mais. Está em jogo a defesa da vida – o que nos insta a superar esquemas organizativos da produção antropocêntrica, particularmente capitalistas, causadores da destruição do planeta graças à depredação e degradação socioambientais. Assim, os objetivos econômicos, uma vez subordinados às leis de funcionamento dos sistemas naturais e às demandas da sociedade, devem mirar o respeito à dignidade humana e a melhora da qualidade de vida das pessoas, das famílias e das comunidades, sem sacrificar a Natureza e sua diversidade.

Portanto, revisar a essência do crescimento econômico é indispensável. Mas cabe perguntar se há formas de desenvolvimento das forças produtivas que possam transitar em outra direção. O que está claro é que a destruição produzida pelo crescimento econômico em sua modalidade de acumulação capitalista conduz a um caminho sem saída. Essa evolução alternativa deverá ser repensada a partir de uma visão holística e sistêmica, traduzida nos Direitos Humanos e nos Direitos da Natureza. Assim, poderemos construir saídas.

O autocentramento como base das transições

Na perspectiva do Bem Viver, as transições devem ser pensadas a partir de noções de autocentramento – em que as dimensões locais ficam muito bem situadas. Esta é uma estratégia de organização política e econômica que se constrói a partir de baixo e de dentro, em que ganham força esquemas de moedas alternativas que permitem um empoderamento das comunidades sobre suas economias.[44]

Realizar o autocentramento, nas palavras de Jürgen Schuldt, implica decisões coletivas sobre a "dissociação seletiva e temporal do mercado mundial". Esta dissociação, desconexão ou ruptura temporal, como se queira chamar, pode ser realizada seguindo um caminho gradual, começando por baixo: a partir da região ou de regiões até o país e, logo, ao mercado mundial. A descentralização assume um papel preponderante conquanto se oriente a recuperar o protagonismo e o controle da sociedade no processo de tomada de decisões – para construir, por exemplo, a soberania alimentar a partir do mundo camponês, com a participação de consumidores e consumidoras. Aqui emergem com força muitas propostas, existentes em diferentes partes do mundo, que pretendem recuperar a produção camponesa proveniente de cada localidade para consumi-la localmente, com as chamadas "iniciativas zero quilômetro".

Os empenhos autocentrados terão resultados ainda melhores se contarem com respaldo do governo central.

---

44 É recomendável o livro de Jürgen Schuldt (1997) sobre o tema. Embora, para algumas pessoas, suas respostas possam resultar controversas, são básicas as reflexões do alemão Silvio Gesell – o que posteriormente foi reconhecido inclusive por John Maynard Keynes. É extensa a lista de pessoas que refletiram sobre estes temas em busca de alternativas. Pode-se começar com Silvio Gesell, passando por Jürgen Schuldt (1997), até chegar a textos recentes, como o de Christian Felber: *Geld – Die neuen Spielregeln* (2014).

O fundamento básico da via autocentrada é o desenvolvimento das forças produtivas endógenas, incluindo capacidades humanas e recursos produtivos locais, e os correspondentes controle da acumulação e centramento dos padrões de consumo. Tudo deve ser acompanhado de um processo político de participação plena, de tal maneira que se construam contrapoderes com crescentes níveis de influência no âmbito local.

Isso implica ir gestando localmente espaços de poder real, verdadeiros contrapoderes de ação democrática nas esferas política, econômica e cultural. A partir delas, se poderão forjar os embriões de uma nova institucionalidade estatal, de uma renovada lógica de mercado e de uma nova convivência social. Tais contrapoderes servirão de base para a estratégia coletiva que deve construir um projeto de vida em comum: o Bem Viver, que não poderá ser uma visão abstrata que descuide dos atores e das relações presentes, reconhecendo-os tal como são hoje e não como queremos que sejam amanhã.

O autocentramento consiste em reconstruir o vínculo da economia com a política para fazer economia política, tomando como referências fundamentais o tempo e o espaço, que foram violentamente alterados no capitalismo. Esta proposta exige o fortalecimento dos espaços comunitários. E isso conduz a ver

> *o desenvolvimento autocentrado [como] um processo que supõe a participação de atores organizados a partir de um território concreto, dotando-se de vontade consciente (porque sabem o que querem conseguir) e direção política (porque sabem aonde se dirigem os caminhos que propõem). O ponto de partida do autocentramento é a localidade, em que o cenário nacional parte do local e vai se construindo a partir das regiões-sujeitos. A via autocentrada também consiste em um processo de (auto)construção do poder popular.*[45]

Do ponto de vista econômico, uma proposta de transição a partir do autocentramento prioriza os mercados locais e o mercado interno. Isso, no entanto, não significa voltar ao modelo de "substituição de importações" de outrora, que procurou beneficiar e de fato beneficiou os capitalistas locais, com a expectativa de fomentar e favorecer uma inexistente "burguesia nacional" e, por meio dela, dar lugar à industrialização. No que se refere ao autocentramento, mercado interno significa mercado de massas e sobretudo mercados comunitários, onde predominará o "viver com o nosso e para os nossos", vinculando campo e cidade, rural e urbano. Dali, poderão ser avaliadas as possibilidades de como participar na economia mundial.

Não é possível intervir em projetos econômicos sem envolver ativamente a população no planejamento, na gestão e no desenvolvimento de suas unidades de produção autogestionadas (a partir das famílias, passando

45 Antonio Romero (2009).

pelas "microempresas" até chegar aos projetos regionais), de novos bens e serviços, de tecnologias adaptadas e autóctones, da destinação de recursos e investimentos coletivos etc. Estes bens devem estar de acordo com as necessidades axiológicas e existenciais dos próprios atores da mudança, a fim de estimular a aprendizagem direta, a difusão e o uso pleno das habilidades, e a motivação para a compreensão dos fenômenos e para a criação autônoma.[46]

As necessidades humanas fundamentais podem ser atendidas desde o início e durante todo o processo de construção do Bem Viver. Sua realização não seria, então, a meta, mas o motor do processo. Isso fará em boa medida com que se estimule permanentemente a geração de "satisfatores sinérgicos",[47] conjugando a sinergia da eficiência e a suficiência, o que implica revisar o conceito de eficiência para libertá-lo de sua carga capitalista atada à produção e à acumulação permanente de bens materiais.

Desta maneira, se estaria abrindo as portas para que as

---

46 É indispensável construir alternativas transformadoras para reelaborar aquela visão errada de que as necessidades são infinitas, pois estas, como já demonstraram Manfred Max Neef, Antonio Elizalde e Martín Hopenhayn (1986), são conhecidas, sempre as mesmas e constantes em todo o tempo e culturas; o que mudam são as satisfações.

47 Os satisfatores não são objetos materiais, mas construções culturais que podem ou não envolver bens econômicos; variam com o tempo e a cultura – e permitem defini-la. Os bens mudam com os ciclos econômicos, a moda, e podem ser conjunturais. De acordo com o pensamento de Manfred Max-Neef, Antonio Elizalde e Martin Hopenhain, os "satisfatores sinérgicos" permitem atender a uma necessidade ao mesmo tempo em que estimulam ou contribuem a satisfazer outras. A lactância materna é um exemplo disso. Já os "satisfatores singulares" atendem a apenas uma necessidade. Por exemplo, a alimentação por meio da mamadeira. Há "pseudossatisfatores", que produzem uma falsa sensação de satisfação, como a superexploração de recursos naturais. Outros são inibidores: supersatisfazem algumas necessidades, mas dificultam a satisfação de outras, como uma sala de aula autoritária. E há ainda satisfatores destrutivos, como as armas e a censura.

pessoas e as comunidades possam viver a construção e reconstrução do Bem Viver. O processo seria autodependente e participativo, criando os fundamentos para uma ordem em que se possa conciliar economia solidária e sociedade essencialmente democrática. O objetivo é proporcionar a todos e todas uma vida plena, elegendo os meios adequados para os fins essenciais. O Bem Viver se converte, assim, em um bem público, com um grande poder integrador, tanto intelectual como político.

No aspecto social, seguindo as valiosas e muito pertinentes reflexões de Jürgen Schuldt, as transições propõem a revalorização das identidades culturais e o critério autônomo das populações locais, a interação e integração entre movimentos populares e a incorporação econômica e social dos povos, que devem deixar seu papel passivo no uso de bens e serviços coletivos e converter-se em propulsores autônomos dos serviços de saúde, educação, transporte etc., impulsionados coordenada e consensualmente na escala local-regional.

No aspecto político, finalmente, tais processos contribuiriam à formação e ao fortalecimento de instituições representativas e ao desenvolvimento de uma cultura democrática e de participação. Trata-se de fortalecer os processos assembleístas próprios dos espaços comunitários (aprendendo com os *ayllus*), que são bastante mais democráticos que os processos da democracia representativa desenvolvidos a partir da institucionalidade estatal. Este é um caminho concreto para o planejamento, a valorização de propostas ou a crítica aos projetos. E, por certo, esse empenho obrigará repensar profundamente os partidos e organizações políticas tradicionais.

As transições, pensando a partir da realidade andina e amazônica, que necessariamente devem caminhar para a construção de economias e sociedades pós-extrativistas, terão de:

- Frear a aceleração do despojo às comunidades. Nesse sentido, é importante analisar os projetos à luz dos elementos que inspiram o *sumak kawsay*.
- Reduzir a dependência do petróleo e da mineração tanto como fonte de energia quanto de materiais, encontrando substitutos provenientes de elementos próprios, relacionados a modelos renováveis. O mesmo é válido para os monocultivos. É preciso identificar as demandas das comunidades e as possibilidades de satisfazê-las de maneira mais próxima à cultura e ao meio ambiente – localmente, se for possível.
- Reduzir o desperdício e desacelerar o aumento da entropia. Atividades que consomem mais energia que a que produzem devem ser abandonadas. Isso supõe medidas que reduzam o consumo de vasilhames que são lixo, eliminem a poluição e suas fontes e, sobretudo, reflitam mais sobre as necessidades existenciais e os satisfatores sinérgicos.
- Impulsionar a redistribuição da renda e da riqueza, incluindo a expropriação daquela que tem sido acumulada devido à corrupção ou à apropriação indevida de propriedades alheias, sobretudo das comunidades.
- Mudar os padrões tecnológicos para recuperar e incentivar alternativas locais, sem negar as valiosas contribuições que podem vir do exterior, especialmente das chamadas tecnologias intermediárias e "limpas". Grande parte destas capacidades e conhecimentos locais está nas mãos de comunidades e povos que, por decisão, tradição ou marginalização, se mantiveram fora do padrão tecnológico ocidental e utilizam e inventam opções para facilitar o trabalho produtivo e o consumo de produtos locais, artesanais e orgânicos.

Muitas práticas tradicionais contam com tal grau de solidez que a passagem do tempo parece afetá-las apenas superficialmente. A construção de um novo padrão tecnológico obriga a resgatar, desenvolver ou adaptar novas tecnologias, que, para serem libertadoras, não deverão transformar-se em novos modelos de dependência nem ser contaminantes, tendo de consumir pouca energia e emitir níveis reduzidos de CO_2.

A transição a sociedades pós-extrativistas se dará sobre bases ecológicas e com crescente equidade social, sobre fundamentos eminentemente democráticos, ou não se dará. Devemos aceitar que nenhum processo econômico pode ser sustentável se não respeita os limites dos ecossistemas, e que a economia é parte de um sistema maior e finito: a biosfera. Portanto, o crescimento permanente, como já dissemos, é impossível.

Ninguém tem uma receita pronta de como fazê-lo. Apenas com a participação de todos e todas poderemos encontrar alternativas. Não há que buscá-las apenas nos países onde surgiram as ideias do Bem Viver, mas também em outras latitudes. Os projetos alternativos, inclusive na Europa, são múltiplos. Muitos deles foram compilados pelo ensaísta franco-argelino Pierre Rabhi, um dos "pensadores mais honestos, atualizados, radicais e inclassificáveis de nossos dias". Também são oportunas as reflexões da Academia para a Economia Solidária na Alemanha.[48]

O ser humano no centro da economia

Nesta outra economia, orientada a construir e a sustentar o Bem Viver, o ser humano deve ser o centro das atenções e seu fator fundamental, mas sempre integrado à Natureza, como parte da Natureza. A Constituição equatoriana, em seu artigo 238, estabelece de maneira muito precisa:

O sistema econômico é social e solidário; reconhece o ser humano como sujeito e fim; tende a uma relação dinâmica e equilibrada entre sociedade, Estado e mercado, em harmonia com a Natureza; e tem por objetivo garantir a produção e a reprodução das condições materiais e imateriais que possibilitem o Buen Vivir. *O sistema econômico se integrará pelas formas de organização econômica pública, privada, mista, popular e solidária, e outras que determine a Constituição. A economia popular e solidária se regulará de acordo com a lei e incluirá os setores cooperativistas, associativos e comunitários.*

48 É recomendável o livro de Harald Bender, Norbert Bernholt e Bernd Winkelmann: *Kapitalismus und dann? Systemwandel und Perspektiven gesellschaftlicher Transformation* (2012). A economia solidária é motivo de preocupação e razão para o impulso a projetos concretos em muitos lugares do planeta, como França, Brasil, Equador, Itália, Espanha etc. Veja-se a respeito os trabalhos de Jean-Louis Laville, Paul Singer, Luiz Inácio Gaiger e José Luis Coraggio (2012) e, claro, Luis Razzeto, um dos maiores estudiosos da vida cotidiana: *Alternativas económicas 33 – Alternativas para vivir de otra manera* (2014).

Se o ser humano é o eixo desta outra economia, o trabalho é seu pilar – o que sugere o reconhecimento em igualdade de condições de todas as formas de trabalho, produtivo e reprodutivo. O mundo do trabalho é parte fundamental da economia solidária, entendida também como "a economia do trabalho", nas palavras do argentino José Luis Coraggio.

O trabalho, então, é um direito e um dever em uma sociedade que busca o Bem Viver. Portanto, nenhuma forma de desemprego ou subemprego pode ser tolerada. O desafio do Bem Viver terá de se resolver pela importância que se concede ao trabalho humano. Não se trata simplesmente de produzir mais, mas de produzir para viver bem. Colocadas as coisas em sua devida ordem, o trabalho contribuirá à dignificação da pessoa. Haveria que assumi-lo como espaço de liberdade e gozo.

Neste contexto haverá inclusive que pensar também em um processo de redução do tempo de trabalho e redistribuição do emprego, que cada vez é mais escasso. Isso exige uma redefinição coletiva das necessidades axiológicas e existenciais do ser humano em função de satisfatores singulares e sinérgicos ajustados às disponibilidades da economia e da Natureza – algo possível apenas se se constroem sociedades fincadas na igualdade. É preciso, pois, introduzir outros valores na sociedade, processo que será acompanhado, certamente, por uma nova forma de organizar a economia.

É indispensável ter em mente que o Bem Viver demanda uma revisão do estilo de vida vigente, especialmente entre as elites, e que serve de marco orientador – inalcançável – para a maioria da população. Antes do que se imagina, haverá que se dar prioridade a uma situação de suficiência, em que se busque o bastante em função do que realmente se necessita, em vez de uma sempre maior eficiência sustentada sobre as bases de uma incontrolável competitividade e um tresloucado consumismo, que põem em risco as próprias bases da sociedade e da sustentabilidade ambiental. Bem Viver não é sinônimo de opulência. "Melhor com menos" poderia ser seu lema.

Esta transformação, por certo, deveria estender-se a todas as formas de produção, como a extrativista, que sustentam as bases materiais do capitalismo. Os países produtores e exportadores de matérias-primas, ou seja, de Natureza, inseridos como tais de maneira submissa no mercado mundial, são funcionais ao sistema de acumulação capitalista global – e, indireta e diretamente, também são causadores dos problemas ambientais.

Embora possa resultar contraditório, a atual crise múltipla e mutante do capitalismo e a forma como tem sido conduzida – com multimilionárias injeções de recursos financeiros para salvar os bancos – mantêm elevados os preços de muitas matérias-primas, como petróleo, minerais e alimentos: uma situação que já ocorreu nos anos anteriores à crise como parte da lógica especulativa do capital fictício – tal qual apontava Karl Marx.[49] Desta maneira, estes recursos não apenas estarão destinados a atender à demanda energética ou produtiva ou alimentícia, mas se transformarão em ativos financeiros em meio a uma economia mundial dominada pela especulação.

Portanto, caminhar ao socialismo, como reza o discurso oficial de alguns governos "progressistas", alimentando as necessidades – inclusive as demandas especulativas – do capitalismo global por meio da expansão do extrativismo, é, no mínimo, uma incoerência. Não tem nada de socialista.[50]

Atentar-se apenas aos desafios globais, marginalizando ou negando os temas locais ou subnacionais, é um engano que pode provocar consequências perversas. O extrativismo, definitivamente, não é compatível

49 "Tudo o que facilita o negócio, facilita a especulação. Os dois, em muitos casos, estão tão inter-relacionados que é difícil dizer onde termina o negócio e onde começa a especulação". J. W. Gilbert (*The History and Principles of Banking*, 1834), citado por Karl Marx no capítulo 25 sobre Crédito e Capital Fictício no terceiro tomo de *O Capital*.

50 Também é incoerente afirmar, como fez o presidente equatoriano Rafael Correa, que o socialismo do século 21 já não tem nada a ver com a luta de classes. Ver <https://goo.gl/jOda1U>

com o Bem Viver: não apenas porque depreda a Natureza e devasta comunidades, mas porque mantém uma estrutura trabalhista exploradora de mão de obra. Ademais, em países extrativistas, especialmente petrolíferos e mineiros, a dinâmica econômica se caracteriza por práticas "rentistas". Na estrutura e vivência social dominam as lógicas clientelistas, enquanto a voracidade e o autoritarismo caracterizam a vida política. Isso explicaria também a contradição de países ricos em matérias-primas onde, na prática, a massa da população permanece empobrecida. Em efeito, parece que somos pobres porque somos ricos em recursos naturais.

A produção de bens materiais e o mercado: apenas meios, não fins

O debate sobre crescimento econômico está colocado. No Norte global, como dissemos anteriormente, proliferam-se vozes que já não defendem uma economia estacionária, mas o decrescimento. No Sul, as críticas ao crescimento não vêm de hoje. Uma constatação está cada vez mais generalizada: o crescimento econômico é apenas um meio, não um fim. Amartya Sen foi muito claro sobre isso:

As limitações reais da economia tradicional do desenvolvimento não são provenientes dos meios escolhidos para alcançar o crescimento econômico, mas de um reconhecimento insuficiente de que esse processo não é mais que um meio para conseguir outros fins (…) O crescimento econômico é mais um meio que um fim. Além disso, para certos fins importantes, não é sequer um meio muito eficiente.

É perfeitamente possível crescer e não alcançar o desenvolvimento – uma experiência muito comum no mundo empobrecido. Quantos países conseguiram sustentar significativas taxas de crescimento econômico ao longo do tempo? Poucos. E, desses poucos, quantos efetivamente se desenvolveram? Menos ainda – e seriam ainda menos se considerarmos o "mau desenvolvimento" que impera entre os países que se consideram desenvolvidos.

Há quem sustente que o crescimento pode ser necessário em determinadas circunstâncias, sobretudo para superar deficiências fundamentais – em educação e saúde, por exemplo. Mas isso não justifica qualquer tipo de crescimento. Manfred Max-Neef foi muito claro em sua carta aberta ao ministro de Economia chileno, em 4 de dezembro de 2001:

> *Se me dedico, por exemplo, a depredar totalmente um recurso natural, minha economia cresce enquanto estou fazendo isso, mas ao preço de ficarmos mais pobres. Na realidade, as pessoas não se dão conta da aberração que é a macroeconomia convencional, que contabiliza perda de patrimônio como aumento de renda. Detrás de toda cifra de crescimento há uma história humana e uma história natural. Se estas histórias são positivas, bem-vindo seja o crescimento, porque é preferível crescer pouco, mas crescer bem, a crescer muito, porém mal.*

Disso se depreende que a própria organização da economia deve mudar profundamente. Este talvez seja um dos maiores desafios. O crescimento econômico, transformado em um fetiche reverenciado pelos poderes mundiais e por amplos segmentos da população, deve ser desmascarado. Algo fácil de dizer, mas difícil de fazer sem que haja consenso e participação popular.

O ponto nevrálgico está na aceitação de que a Natureza possui limites que não podem ser ultrapassados pela economia. A mudança climática, resultado do consumo energético, é uma evidência incontestável. O pensamento funcional se limita a fazer dos "bens" e "serviços ambientais" simples elementos de transação comercial por meio da concessão de direitos de propriedade sobre as funções dos ecossistemas: uma situação que se produz devido à generalização de um comportamento egoísta e de curto prazo, incapaz de reconhecer que um recurso tem um limite ou umbral antes de entrar em colapso.

Por outro lado, não existem apenas os limites ambientais. Há outro ponto crucial: o crescimento econômico, provocado pela voracidade do capital, que acumula produzindo e especulando, se dá sobre bases de crescente iniquidade estrutural. Basta ver algumas cifras da desigual distribuição da riqueza mundial: as 85 pessoas mais ricas do mundo possuem tanto quanto a metade mais pobre da população, 1,7 bilhão de habitantes, segundo relatório da Oxfam publicado em 2014. O documento aponta que 1% dos mais abastados concentra quase a metade da riqueza mundial.

Outro fetiche é o mercado, diante do qual muitas pessoas baixam a cabeça: o mercado fala, o mercado reage, o mercado protesta, o mercado sente... Subordinar o Estado ao mercado significa subordinar a sociedade às relações mercantis e ao individualismo ególatra. E isso é grave.

Dizem que o mercado, como mecanismo de funcionamento da "mão invisível" de Adam Smith, definiria quais são as mercadorias que se deve produzir. A essência da economia de mercado é que nele tudo se converte em mercadoria, com um preço, e que a oferta destas mercadorias é sensível às mudanças de preço. A demanda por estes bens incentivaria os produtores a obter mais benefícios, aumentando sua produção. As inter-relações entre consumidores e produtores determinariam, quase automaticamente, a quantidade de bens que se produz.

O funcionamento econômico da sociedade descansaria, em suma, nas leis do mercado e na interação entre o interesse individual e a competição. Esta realidade obriga o empresário a ser eficiente para manter seus custos baixos e permanecer em condições competitivas. Para promover bem-estar, de acordo com essa ideologia, os melhores meios são o estímulo ao interesse próprio e o desenvolvimento da competição. A matriz desta lógica dominante é aquela que provocaria o bem comum a partir da ação do individualismo livre de coações estatais ou comunitárias.

Longe de uma economia determinada pelas relações mercantis, no Bem Viver se

promove outro tipo de relação dinâmica e construtiva entre mercado, Estado e sociedade. Não se propõe uma sociedade de mercado, ou seja, mercantilizada. Não se deseja uma economia controlada por monopolistas e especuladores. Busca-se construir uma economia com mercados, no plural, a serviço da sociedade.

Para alguns, pode resultar surpreendente recuperar a ideia de mercados heterogêneos e no plural. Mas Fernand Braudel, o grande historiador francês da Escola dos Annales, já havia reconhecido oportunamente que o capitalismo não é sinônimo de economia de mercado. Pelo contrário, o capitalismo pode ser inclusive anti-mercado quando os empresários – com diversos graus de práticas monopolistas – não se comportam como o empresário típico-ideal da teoria econômica convencional.

De acordo com Braudel, o capitalismo foi como o visitante furtivo que entra pela janela, à noite, para roubar. No caso, adentrou a economia mediterrânea e se apropriou do mercado. No mundo indígena, muito antes de que chegassem os conquistadores, o mercado estava presente (e continua presente, nem sempre com as lógicas de comércio capitalistas) como construção social, com práticas de solidariedade, reciprocidade e proporcionalidade (também incorporadas por Karl Polanyi) muito distantes do que seria posteriormente a imposição do capitalismo metropolitano.

O mercado não é um produto de geração espontânea,

como afirma a teologia liberal. O mercado é uma construção social, que responde a demandas concretas de cada época histórica. O mercado jamais existiu enquanto ordem espontânea de uma categoria mítica. O mercado capitalista exacerba os conflitos de interesse no seio da sociedade, fomentando a desigualdade para manter seus incentivos. E, como se não bastasse, a pretensa liberdade do mercado não foi base para o sucesso dos países ricos.[51]

Bem sabemos que nunca houve livre comércio mundial. Os países centrais aproveitaram as oportunidades oferecidas pela abertura forçada das economias dos países empobrecidos, muitos deles suas antigas colônias. Foram favorecidos pelo comércio internacional assimétrico. Basta ver as vantagens obtidas com os atuais acordos comerciais de associação, acordos multipartites ou tratados de livre comércio – pode-se mudar os nomes, não a essência. Uma e outra vez, o comércio internacional contribuiu para empobrecer os países periféricos.

Por isso, como anotou o filósofo espanhol Luis de Sebastián,

> *sem um marco legal e social, os mercados podem ser totalmente imorais, ineficientes, injustos e geradores de caos social (...) O bom funcionamento dos mercados, para os fins instrumentais que a sociedade lhes designa, exige que não sejam completamente livres. Os mercados livres nunca funcionaram bem e acabaram em catástrofes econômicas de distintas naturezas.*

O mercado, enquanto estrutura de dominação, responde e serve aos interesses concretos e às aspirações dos atores sociais vinculados ao poder nacional e

---

51 Basta revisar os textos de List (1841), Ha Joon-Chang (2004) ou Bairoch (1995).

internacional. Transformou-se no espaço onde se desenvolve o poder dominador das construções humanas: é um de seus maiores ídolos. Por isso, sem negar a utilidade que pode ter o mercado, há que desmontar seu real poder simbólico e conceitual. Isso, claro, não nos conduz a promover uma visão extremamente estatista da economia.

Qual deveria ser a posição de uma outra economia diante do mercado mundial? Negar a necessidade de assumir este desafio, além de impossível, seria uma insensatez. Mas tê-lo como referência de todos os esforços econômicos seria irresponsável. O que, sim, parece indispensável é uma concepção estratégica para participar na economia-mundo, maximizando seus possíveis benefícios ao mesmo tempo em que se minimizam os impactos nocivos, que são muitos. A tarefa é estabelecer vínculos com a maior quantidade de economias relevantes, mas sobretudo com as economias vizinhas. A complementariedade do comércio com economias similares deve produzir benefícios mútuos. Também haveria que comercializar com os países enriquecidos, mas não segundo a lógica da igualdade de condições que propõem os tratados de livre comércio. Há que buscar, na medida do possível, uma diversificação sustentada das exportações para não depender de poucos mercados e, menos ainda, de apenas um. O comércio deve orientar-se e regular-se a partir da lógica social e ambiental, não da lógica de acumulação do capital. É uma tarefa demasiado complexa.

Neste ponto, embora pareça curioso uma vez que estamos falando de Bem Viver, conviria recuperar a recomendação do economista britânico John Maynard Keynes:

Eu simpatizo, portanto, com aqueles que minimizariam e não com os que maximizariam o emaranhado econômico entre as nações. Ideias, conhecimento, ciência, hospitalidade, viagens — essas são as coisas que, por sua natureza, devem ser internacionais. Mas deixemos que os bens sejam produzidos nacionalmente sempre que isso seja razoável e convenientemente possível e, acima de tudo, deixemos as finanças serem primordialmente nacionais.

Como complemento, em sintonia com o pensamento de Karl Polanyi, o mercado deve ser organizado e controlado a partir do Estado e da sociedade, mas não assumido como mecanismo de dominação, posto que "o mercado é um bom servo, mas um péssimo amo". Assim, o Estado deverá ser cidadanizado, enquanto o mercado terá de ser civilizado – o que, em ambos casos, implica uma crescente participação da sociedade, especialmente a partir das bases comunitárias.

Em resumo, devemos entender de uma vez por todas que a economia não é mais importante que as amplas demandas sociais ou – menos ainda – que as capacidades da Natureza. Mas tampouco deve ser desprezada. A verdadeira importância da economia radica em que, enquanto ciência social, deve ajudar a construir outras relações de produção e consumo que priorizem diuturnamente as maiorias, sem colocar em risco os ciclos ecológicos. Para consegui-lo, temos de começar a romper os efeitos do "economicismo", cuja fatalidade repousa na força do fundamentalismo econômico, que confunde seus modelos analíticos com a realidade.

Ao resgate de outras lógicas econômicas

De nenhuma maneira se pode acreditar que todo o sistema econômico deve estar imerso na lógica dominante de mercado. Há outras muitas relações que se inspiram em princípios de inquestionável importância: a solidariedade, por exemplo, que rege o funcionamento da seguridade social, além das diversas formas de reciprocidade nas economias dos povos e nacionalidades indígenas. Reflexão similar se poderia fazer sobre educação, saúde, transporte e outras funções que geram bens públicos e comuns que não se produzem e regulam por meio da oferta e da demanda. Nem todos os atores da economia agem movidos pelo lucro.

Ao revisar a literatura disponível, observa-se que não existe consenso sobre as práticas econômicas e sociais das comunidades indígenas, que diferem nas vivências cotidianas e nos distintos territórios. O que interessa é que, em suas raízes, trazem a ideia principal e muito arraigada da reciprocidade entre os seres que formam parte da *Pacha Mama*.

Existem muitas formas de práticas de solidariedade e correspondência no saber andino e amazônico, e muitas se encontram vivas no desenvolvimento social das comunidades. Sem pretender esgotar o tema ou insinuar que estes conceitos produtivos devem ser impostos a todo tipo de economia, menos ainda de um dia para outro, poderíamos mencionar algumas formas de relacionamento econômico próprias das comunidades indígenas:[52]

- *Minka* ou *minga*: é uma instituição de ajuda recíproca no âmbito comunitário. Assegura o trabalho destinado ao bem comum da população. Realiza-se para satisfazer as necessidades e os interesses coletivos da comunidade. Por exemplo, na execução de obras como a construção e manutenção de caminhos ou canais de regadio. Portanto, é um mecanismo de trabalho coletivo que permite superar e enfrentar o esquecimento e a exclusão dessas populações pelo sistema colonial e republicano. Ademais, esta instituição ajuda

---

52 Aqui se podem consultar os trabalhos de Quisantuña Sisa (2011) ou La Torre y Sandoval (2004). Agradeço também os comentários de Yuri Guadinango.

as comunidades a potencializar sua produção, estimular o trabalho e fomentar a poupança. A *minka* é também um potente ritual cultural e cerimonial de convocação e coesão das comunidades, assim como um espaço de intercâmbio de normas socioculturais.

- *Ranti-ranti*: diferentemente das trocas pontuais e únicas que se dão em algumas economias mestiças, o intercâmbio forma parte de uma cadeia que desata uma série interminável de transferências de valores, produtos e jornadas de trabalho. Sustenta-se no princípio de dar e receber sem determinar um período de tempo, ação e espaço, relacionado com certos valores da comunidade que dizem respeito à ética, à cultura e à história. Este princípio está presente em todas as ações que abordaremos a seguir. Por exemplo, aqui cabe a mudança de mãos no trabalho agrícola, ou seja, a força de trabalho que se oferece a outra pessoa para receber, depois de um determinado tempo, aquela mesma força de trabalho. Trata-se de realizar uma atividade de forma solidária.

- *Makimañachina*: é um acordo entre indivíduos para realizar um trabalho particular de qualquer índole, em que não intervém qualquer remuneração salarial. A única condição é que quem recebeu uma ajuda devolva essa ajuda em outra oportunidade. Equivale a uma ajuda que a família ou os amigos oferecem a quem a requer para a continuação de suas atividades.

- *Makipurarina*: significa conjugar as mãos para fazer um trabalho que beneficie a vários, unindo-se entre os mesmos e iguais. Por meio deste compromisso, pode-se ajudar em qualquer trabalho que não envolva necessariamente toda a comunidade, como no caso da *minka*, e avançar em atividades iniciadas previamente por familiares, compadres, vizinhos ou amigos de outras zonas. Serve para juntar esforços e consolidar laços comunitários.

- *Uyanza*: é uma instituição de ajuda social e reconhecimento às famílias que emprestaram sua força de trabalho. Quem recebe essa força de trabalho tem a obrigação moral de agradecer esta ajuda por meio de uma doação, seja uma porção da colheita, seja algum outro presente.
- *Chukchina*, *chalana* ou *challina*: trata-se de recolher os excedentes da colheita. É um direito de todas as pessoas que fizeram parte do processo produtivo, brindando sua forma de trabalho na *makimañachina*. Também os órfãos, viúvas e outros que não possuam o produto podem ter acesso à *chukchina*. A eles se destina, ademais, uma pequena porção dos produtos agrícolas em solidariedade à situação limitada que atravessam no momento. Assim, não se desperdiça nada. Esta opção, no entanto, também reflete a iniquidade em que vivem as comunidades. Além disso, a *chukchina* é possível quando existem grandes extensões de terras e cultivos. A maioria das comunidades agora vive em minifúndios, onde esta ação não é possível.
- *Uniguilla*: é uma atividade destinada ao intercâmbio para complementar a alimentação, permitindo melhorar a dieta com produtos de outras zonas. As pessoas que vivem em zonas distantes trocam alimentos. Essa atividade parte do conhecimento do calendário agrícola. Trata-se de um processo de intercâmbio, complementação e abastecimento das despensas para temporadas nas quais não existe colheita ou a produção seja deficiente.
- *Waki*: outorga de terras cultiváveis a outra comunidade ou família que trabalha no terreno. Envolve a distribuição dos produtos cultivados entre ambas comunidades ou famílias. Esta atividade também se dá no cuidado e criação de animais.
- *Makikuna*: é um apoio que envolve toda comunidade, família ampliada, amigos, vizinhos. É uma espécie de apoio moral no momento que mais requer uma família. Esta ajuda

pode ser solicitada nestas circunstâncias e obedece, sobretudo, a situações imprevistas e emergências.

Existe ainda uma série adicional de ações e práticas, como *tumina*, *probana*, *yapa*, *pampamesa*, *kamari* etc. São formas de relacionamento solidário, recíproco e de corresponsabilidade dos indivíduos e diversas comunidades entre si – e, claro, de todos com a Natureza.

Muitas dessas práticas, presentes com outros nomes em outras regiões, poderiam ser resgatadas e aplicadas para a construção de uma nova economia que se encontre a serviço da Humanidade, integrada harmonicamente com a Natureza. Coincide, portanto, com o princípio postulado por Karl Marx em 1875 na *Crítica ao programa de Gotha*: "De cada um segundo as suas capacidades, a cada um segundo as suas necessidades."

Outro ponto fundamental radica no reconhecimento de que o Bem Viver não pode circunscrever-se apenas ao mundo rural. É certo que as propostas básicas provêm especialmente desse âmbito. Mas não é menos certo que, como consequência das migrações, cada vez mais pessoas vivem em cidades e que, portanto, se necessita respostas para esses amplos grupos humanos, muitos deles também marginalizados e explorados. Os atuais espaços urbanos aparecem relativamente distantes das práticas de vida solidárias e respeitosas ao meio ambiente.

Esse é um dos grandes e mais complexos desafios:[53]

53 Há muitas práticas e propostas neste âmbito. Sem pretender esgotar o tema, a modo de uma simples amostra de um universo cada vez maior, destacamos as conhecidas "comunidades de transição" (*transition towns*), que pretendem dar o controle às comunidades para suportar o desafio da mudança climática e da construção de uma economia pós-petrolífera. Este movimento está ativo em vários países, incluindo Alemanha, Áustria e Suíça. Aliás, a discussão sobre o Bem Viver em cidades exige ainda muito mais trabalho e reflexão.

pensar o Bem Viver para e a partir das cidades, aproveitando, em alguns casos, que grande parte dos migrantes ainda mantém laços estreitos com suas comunidades de origem. De todas as maneiras, a tarefa passa por repensar as cidades, redesenhá-las e reorganizá-las, ao mesmo tempo em que se constroem outras relações com o mundo rural. E tudo isso como parte de um processo de recamponesação dos territórios como opção para reencontrar-nos com uma vida mais harmoniosa.

Energia, ponto nevrálgico para a transformação

Nas críticas aos fundamentos do sistema, que não podem ser esgotadas neste livro, aparecem também questionamentos ao regime energético baseado na queima de carbono. O que pesa, em primeira instância, não é a finitude das reservas de combustíveis fósseis, mas, sobretudo, os limites ambientais de seu uso exagerado. Esta conclusão nos obriga a caminhar rápida e planificadamente em direção à energia solar, como recomenda o professor alemão Elmar Altvater. Não se trata de produzir cada vez mais energia para satisfazer a uma demanda sempre crescente. Não é suficiente, embora seja importante, substituir os recursos fósseis e não renováveis por energias renováveis e cada vez mais limpas. O uso eficiente da energia também ocupa lugar significativo neste processo de transformação da matriz energética.

Mas, sobretudo, a energia desempenha um papel preponderante na medida em que serve para transformar as estruturas do produtivismo e do consumismo avassalador. A energia pode ser ainda uma ferramenta para incentivar a transferência de riqueza, necessária à construção de equidades sociais e ambientais. Isso conduz à elaboração de outros padrões de produção, consumo, transporte, distribuição e controle da energia, vista como direito e não simplesmente como mercadoria.

Devemos considerar a energia em perspectiva social, política e histórica. O tipo de energia que utilizamos nos permite entender a estrutura estatal em que vivemos. Na época da escravidão, há mais ou menos dois séculos, se requeriam Estados extremamente autoritários, que possibilitavam que metade da população ou mais, sem direitos, trabalhasse "grátis" a favor de outra metade da população. Demandava-se uma grande concentração de poder para canalizar essa energia humana ao cumprimento de determinados objetivos econômicos. Como consequência, vemos que a questão energética não é apenas técnica. É eminentemente política.

Os recursos energéticos fósseis são finitos, os gases resultantes de seu uso provocam uma crise ecológica global e suas reservas encontram-se em alguns poucos lugares do planeta, o que conduz a pressões bélicas e desigualdades. Em contraposição, uma economia solar[54] promove a descentralização da geração de energia, o que permitiria o crescente controle comunitário do sistema energético, caminhando na mesma direção do Bem Viver.

As propostas mostram com clareza por onde deveria avançar a construção de uma nova forma de organização da sociedade – se realmente pretende ser uma opção de vida sustentável, enquanto respeita a Natureza e permite um uso do patrimônio natural adaptado à sua geração e regeneração. A Natureza deve ter a necessária capacidade de carga e recomposição para não deteriorar-se irreversivelmente por efeito da ação antrópica.

---

54 Há uma ampla literatura sobre este tema, por exemplo, o texto de Hermann Sheer, *Energiaautonomie – Eine neue Politik für erneuebare Energien* (2005), e Jeremy Rifken, *The Hydrogen Economy* (2002).

Construção paciente em vez de improvisação irresponsável

Certamente, os princípios básicos de reciprocidade, redistribuição e solidariedade exigem ser construídos em todos os espaços possíveis da vida em comunidade, começando pelos lares e escolas, além de diversas outras instâncias da vida dos seres humanos. Não podem ser confundidos com caridade em meio a um ambiente de crescente iniquidade.

A Humanidade não é uma comunidade de seres agressivos e brutalmente competitivos. Esses valores foram criados e acentuados por civilizações que favoreceram o individualismo, o consumismo e a acumulação agressiva de bens materiais – características que estão no gene da civilização capitalista. Já se demonstrou cientificamente a tendência natural dos seres humanos à cooperação. Trata-se, então, de recuperar e fortalecer estes valores e suas instituições ancestrais, complementando-as com outras que podem ser desenhadas e desenvolvidas a partir dos mencionados princípios de reciprocidade, redistribuição e solidariedade.

Nesta linha de reflexão, haverá que fortalecer os esquemas de autogestão e cogestão em todo tipo de empresas, procurando que os trabalhadores e as trabalhadoras sejam também atores decisivos na condução de suas diversas unidades produtivas.

Igualmente, os princípios feministas de uma economia voltada ao cuidado da vida, baseada em cooperação, complementariedade, reciprocidade e solidariedade, colocam-se na ordem do dia. São concepções relevantes para as mulheres e para a sociedade em seu conjunto. Como parte de um processo de construção coletiva do Bem Viver, exigem novas abordagens feministas em que se expliquem e cristalizem os conceitos de autonomia, soberania, dependência, reciprocidade e equidade.

A redistribuição da riqueza – da terra e da água, por exemplo – e a distribuição da renda, com critérios de equidade, assim como a democratização do acesso aos recursos econômicos, tais como o crédito, estão na base desta economia solidária. As finanças devem cumprir um papel de apoio ao aparato produtivo em vez de ser mais um instrumento de acumulação e concentração da riqueza, como ocorre com a especulação.

No Equador, bancos e banqueiros foram obrigados constitucionalmente a se desligar de todas suas empresas que não estejam vinculadas à atividade financeira, incluindo os meios de comunicação: os banqueiros devem ser banqueiros, nada mais que banqueiros. É uma medida que, sem dúvida, contribui para dar transparência, regular e moderar o poder da banca. A Constituição equatoriana propõe ainda a construção de uma nova arquitetura financeira em que os serviços financeiros sejam públicos. O texto reconhece as finanças populares como promotoras do desenvolvimento. E incentiva a criação de um banco público de fomento como aglutinador da poupança interna e propulsor de economias produtivas de características solidárias. As cooperativas de poupança e crédito devem receber tratamento preferencial, bem como as diversas formas de poupança popular, que também foram reconhecidas pela Constituição. Também merecem atenção especial as práticas econômicas que façam uso de moedas alternativas.

A descentralização e as autonomias abrem portas à construção de uma economia diversificada. Nesta direção deveria marchar também a integração latino-americana, sobre bases de solidariedade, reciprocidade e equidade. Sem a integração dos povos, será difícil superar as atuais condições de degradação social e econômica. Não se trata de uma integração mercantilista em função da acumulação do capital, mas sim de uma integração solidária, passo fundamental para que os povos possam se inserir com dignidade e inteligência no contexto mundial.

Esta nova economia consolida o princípio do monopólio público sobre os recursos estratégicos, mas, ao mesmo tempo, estabelece uma dinâmica de uso e aproveitamento desses recursos a partir dos princípios da sustentabilidade, com a necessidade de mecanismos sociais de regulação e controle dos serviços públicos. Igualmente, durante a etapa de transição, considera as diversas formas de fazer economia: estatal, pública, privada, mista, comunitária, associativa, cooperativa... Considera-se a função social da propriedade tanto quanto sua função ambiental.

Para enfrentar a gravidade dos problemas e construir esta nova economia, é indispensável desarmar visões simplificadoras e compartimentalizadas. Tampouco existem – nem podem existir – receitas ou manuais com instruções indiscutíveis. Ainda está fresco na memória o fracasso estrepitoso das tentativas de organizar os mercados latino-americanos de acordo com os preceitos do Consenso de Washington.

Agora temos a oportunidade de incorporar criativamente as múltiplas instituições de produção e intercâmbio indígenas, marginalizadas ou desprezadas por muito tempo. Sua conotação e vigência devem ser analisadas e até mesmo recuperadas se quisermos potencializar as raízes de sociedades diversas e culturalmente ricas. Na sociedade indígena existem amplos tecidos e tramas sociais em que se inter-relacionam ações baseadas na reciprocidade, solidariedade e correspondência. Sem negar a influência perniciosa do capitalismo, são relações e racionalidades muito profundas e arraigadas em costumes e práticas cotidianas. A vida transcorre em função da sociedade. O indivíduo está ligado ao entorno social. E a comunidade, com todos os seus indivíduos, está em estreita relação com a Natureza.

Necessidade de profundas transformações sociais

Todas as pessoas têm direito a uma vida digna, que assegure saúde, alimentação e nutrição, água potável, moradia, saneamento básico, educação, trabalho, descanso e ócio, cultura física, vestimenta, seguridade social e outros serviços sociais. Todos estes direitos, para que sejam cumpridos, exigirão ajustes na distribuição da riqueza e da renda, já que não podem ser garantidos apenas com subsídios aos grupos marginalizados.

Os direitos devem ser garantidos a todos e todas, em qualquer tempo ou circunstância, não apenas quando haja excedentes financeiros. Concretamente, se é preciso oferecer seguridade social para todas as donas de casa e não se dispõe de recursos suficientes com as exportações de recursos naturais, por exemplo, haverá que conduzir uma reforma tributária que permita obter esses recursos dos segmentos com maior renda. O que está em jogo é uma permanente disputa de poder.

Os direitos e as garantias às pessoas com

necessidades especiais devem ser assumidos transversalmente, destinando a elas atenção redobrada.

Há que priorizar os investimentos em educação e saúde, redefinidos de maneira que possam levar à construção do Bem Viver – e não a uma reedição do mundo da competição e da acumulação infinita. Como direitos humanos, educação e saúde serão serviços gratuitos. A gratuidade no acesso à justiça é outro aspecto-chave. É necessário que a seguridade social seja universal, jamais privatizada. Todo esse esforço no âmbito social se complementa com ações orientadas a superar tanto o machismo como o racismo, assim como toda forma de exclusão social.

No mundo do Bem Viver cabe assegurar direitos similares aos cidadãos nacionais e estrangeiros. Os seres humanos são vistos como uma promessa, não como uma ameaça. Não há que esperar que o mundo se transforme para que, então, se avance no campo da migração. Há que agir para provocar essa mudança no mundo.

Em sintonia com essa visão de mobilidade humana, a Constituição do Equador impulsiona o princípio da cidadania universal, o livre trânsito de todos os habitantes do planeta e o progressivo fim da condição de estrangeiro como elementos transformadores das relações desiguais entre os países, especialmente entre os do Norte e os do Sul. Para obtê-lo, promove-se inicialmente a criação da cidadania latino-americana e caribenha; a livre circulação de pessoas na região; a elaboração de políticas que garantam os direitos humanos das populações de fronteira e dos refugiados; e a proteção comum dos latino-americanos e caribenhos nos países de trânsito ou destino migratório. Lamentavelmente, muitos destes direitos estão sendo desrespeitados pelo próprio governo equatoriano.

Diferentemente do que impunha o pensamento neoliberal, é imprescindível recuperar as noções de público, universal, gratuito e diversidade como elementos de uma sociedade que busca sistematicamente a liberdade, a igualdade e as equidades, assim como a solidariedade, enquanto elementos reitores do Bem Viver.

Aqui surge com força o tema dos bens comuns, entendidos como bens que pertencem ou são de usufruto ou consumidos por um grupo mais ou menos extenso de indivíduos ou pela sociedade em seu conjunto. Estes bens podem ser sistemas naturais ou sociais, palpáveis ou intangíveis, distintos entre si, mas comuns, pois foram herdados ou construídos coletivamente.[55]

Para a defesa e o aproveitamento efetivo dos bens comuns, é necessário posicionar as discussões políticas dentro de uma agenda ampla e participativa. Isso obriga a identificar e definir o caráter comum de cada um desses bens. É indispensável proteger as condições existentes para dispor dos bens comuns de forma direta, imediata e sem mediações mercantis. Há que evitar a privatização dos bens comuns que já existem e também dos que

---

55 Existe uma magnífica compilação de artigos, editada por Silke Helfrich e a Fundação Heinrich Böll, que resume um debate amplo e diverso, cuja leitura é mais que recomendada. Recordemos que a economista norte-americana recebeu o Prêmio Nobel em 2009 por seu estudo sobre os *commons*. Uma síntese deste debate pode ser encontrada no livro de Ugo Mattei: *Bienes comunes – Un manifiesto* (2013).

podem ser criados. Precisamos desenhar, experimentar e produzir entornos tecnológicos e jurídicos que incentivem a criatividade e a inovação para produzi-los. E, no caso dos bens comuns intelectuais, há que fazer com que seu acesso seja livre e aberto.

Enfim, são palavras que cheiram a utopia... Pois é isso mesmo. Há que escrever todos os rascunhos possíveis de uma utopia que ainda será construída. Uma utopia que implica a crítica da realidade sobre princípios forjados no Bem Viver. Uma utopia que, por ser um projeto de vida solidário e sustentável, deve ser uma alternativa imaginada coletivamente, conquistada e construída politicamente, e executada democraticamente a todo momento e circunstância. Citando o jornalista alemão Thomas Pampuch, o objetivo é superar a miséria da modernização – o que não significa modernizar a miséria.

Bem Viver para todos, não *dolce vita* para poucos

É inaceitável que um grupo reduzido da população goze de um estilo de vida confortável enquanto o resto – a maioria – sofre para sustentar a opulência de um segmento privilegiado e opressor. Esta é a realidade do regime de desenvolvimento atual, uma realidade própria do sistema capitalista.

O capitalismo demonstrou uma importante capacidade produtiva. Propiciou progressos tecnológicos substanciais e sem precedentes. Conseguiu inclusive reduzir a pobreza em vários países. No entanto, desencadeia sistematicamente processos sociais desiguais entre os países e dentro deles. Sim, o capitalismo cria riquezas, mas são demasiadas as pessoas que não participam de seus benefícios.

A riqueza, como assegurava o próprio Adam Smith em seu clássico *Uma investigação sobre a natureza e as causas da riqueza das nações*, mais conhecido como *A riqueza das nações*, publicado em 1776, apenas se explica pela existência de uma massiva pobreza:

> *Onde quer que haja grande propriedade, há grande desigualdade. Para cada pessoa muito rica deve haver no mínimo quinhentos pobres, e a riqueza de poucos supõe a indigência de muitos.*

Neste ponto, dentro da concepção do Bem Viver, ganha vigor renovado aquela visão que nos diz que não importa tanto as coisas que as pessoas possam produzir durante suas vidas, mas as coisas que fazem pela vida das pessoas. Este é o ponto medular para a construção de uma sociedade diferente. Inclusive, Amartya Sen recomenda que

> *o desenvolvimento deve preocupar-se com o que as pessoas podem ou não podem fazer, ou seja, se podem viver mais, escapar de doenças evitáveis, estar bem alimentadas, ser capazes de ler, escrever, comunicar-se, participar de tarefas literárias e científicas etc. Nas palavras de Marx, trata-se de substituir o domínio das circunstâncias e do acaso sobre os indivíduos pelo domínio dos indivíduos sobre o acaso e as circunstâncias.*

Esta visão de vida, ainda dentro da lógica do desenvolvimento, exige, certamente, como ponto de partida, uma redistribuição profunda dos bens acumulados em pouquíssimas mãos. Os que não possuem nada ou muito pouco devem dotar-se das coisas mínimas que lhes assegurem uma vida digna. O que se busca é uma convivência sem miséria, sem discriminação, com um mínimo de coisas necessárias, mas sem tê-las como meta final. A ausência de miséria e pobreza, como objetivo fundacional de uma nova sociedade, implica, ademais, a ausência da opulência – provocadora da miséria. O que se deve combater é a excessiva concentração de riqueza, não a pobreza. Esta deve ser totalmente abatida.

Para consegui-lo, além de redistribuir a riqueza e a renda, há que construir novos padrões de produção e consumo coincidentes com a satisfação das necessidades fundamentais – axiológicas e existenciais. Esta aproximação, elaborada por vários pensadores e construtores do que se conhece como desenvolvimento em escala humana, é, sem dúvida, uma visão com muitos pontos que sintonizam com o Bem Viver.

O que está em jogo não é simplesmente uma crescente e permanente produção de bens materiais, mas a satisfação das necessidades dos seres humanos, vivendo em harmonia com a Natureza. O Bem Viver, no entanto, possui uma transcendência maior do que apenas a satisfação de necessidades e o acesso a serviços e bens materiais.

Por isso, é inapropriado e altamente perigoso aplicar o paradigma do desenvolvimento tal como é concebido nos países centrais do capitalismo. Não só porque este paradigma não é sinônimo de bem-estar para a coletividade, mas porque está colocando em risco a própria Humanidade ao deteriorar o equilíbrio ecológico global. Nesta perspectiva, deveríamos aceitar o tão conhecido "desenvolvimento sustentável" apenas como uma etapa transitória a um paradigma distinto do capitalista, ao que seriam intrínsecas as dimensões de liberdade e igualdade – incluindo, claro, a sustentabilidade ambiental.

O Bem Viver, enquanto uma nova forma de organização da sociedade, implica a expansão das potencialidades individuais e coletivas – que devem ser descobertas e fomentadas. Não há que desenvolver a pessoa: é a pessoa que deve desenvolver-se. Para tanto, como condição fundamental, qualquer pessoa tem de possuir as mesmas possibilidades de escolha, ainda que não tenha os mesmos meios. Estes, aliás, não poderão estar concentrados em poucas mãos. A pessoa tem de fortalecer suas capacidades para viver em comunidade e em harmonia social, como parte da Natureza.

O Estado corrigirá as deficiências dos mercados e atuará como promotor da mudança nos campos que sejam necessários. Mas a grande tarefa recai sobre a própria sociedade, que, a partir das comunidades, deverá construir, sobre as bases da igualdade, todas as formas de organização que sejam imprescindíveis para a mudança. O Bem Viver, como caminho e como objetivo, exige equidades e equilíbrios.

As equidades, então, surgiriam como resultado de um processo que reduza dinâmica e solidariamente as desigualdades existentes em todos os âmbitos da vida humana, especialmente no econômico, social, intergeracional, de gênero, étnico, cultural e regional.

Nesta perspectiva, não simplesmente se propiciará a redistribuição pela redistribuição, mas se propõe transformar as equidades em um pilar do aparato produtivo e um revitalizador cultural da sociedade. As desigualdades, não esqueçamos, rasgam os Direitos Humanos e minam as bases da democracia e do equilíbrio ecológico. E esta limitação, por sua vez, agrava as iniquidades, que aparecem na raiz da violação de tais direitos.

Como se depreende de muitas experiências históricas, foi necessário dispor de níveis de distribuição de renda e riqueza nacionais muito mais equitativos para propiciar a formação de mercados dinâmicos que ajudem a impulsionar o crescimento econômico – sem que, com isso, se esteja assumindo como objetivo último propiciar este crescimento.

De todas as maneiras, se quiséssemos apenas potencializar o crescimento econômico como eixo do desenvolvimento, não poderíamos aceitar aquela mensagem, aparentemente carregada de lógica, que recomenda primeiro fazer "o bolo" crescer para depois reparti-lo. Distribuir a riqueza antes de ampliá-la seria um erro, afirmam os neoliberais. Segundo essa visão, estaria a se distribuir pobreza. Portanto, dentro da lógica econômica neoliberal, busca-se garantir uma taxa de rentabilidade maior. Só assim se poderia economizar o suficiente para financiar novos investimentos. E estes investimentos, como consequência, gerariam um produto maior que beneficiaria a sociedade em seu conjunto, por meio de uma maior quantidade de emprego e renda.

Por trás da força aparentemente indiscutível desta "teoria do boleiro" se esconde uma concepção política da distribuição da renda e da riqueza que viabilizou um sistema quase institucionalizado para impedir a distribuição inclusive em períodos de crescimento econômico. Um crescimento econômico maior, ademais, não garante redistribuição do excedente. Pelo contrário, os mais pudentes são os que disputam cada naco excedente, deixando, na melhor das hipóteses, migalhas para os marginalizados.

Em especial, há que questionar a capacidade da chamada "magia do progresso" em redistribuir autonomamente seus frutos e, como consequência direta, consolidar a democratização da sociedade.

A separação entre produção e, depois, distribuição, fórmula que oferecem os "boleiros" neoliberais, não é factível em processos econômicos – que, como tais, estão imersos na trama social e ambiental. Nos processos econômicos não existe essa sequência temporal de crescimento seguido de distribuição. Nos sistemas de produção não é possível criar riqueza sem que se produza alguma forma de distribuição dessa mesma riqueza, seja pela via das utilidades ou dos salários, da renda ou das pensões. Distribuição que, por sua vez, incide nas decisões produtivas.

O que importa é como as condições de produção e a distribuição se potencializam reciprocamente – e não como podem independizar-se umas das outras. Mas, sobretudo, como já se anotou em reiteradas ocasiões ao longo destas páginas, não é possível seguir mantendo o divórcio entre produção e Natureza. O crescimento econômico não é o caminho e, ainda menos, a meta.

A redução substantiva da pobreza e da iniquidade, a conquista de crescentes graus de liberdade e a vigência dos Direitos Humanos podem ser alcançadas, então, com uma redistribuição a favor dos pobres e marginalizados, em detrimento da excessiva concentração de riqueza e poder. É uma opção que implica reduzir os crescentes níveis de opulência de uns poucos, para promover a redistribuição. Há que erradicar tanto a pobreza como a opulência.

A redistribuição não é uma tarefa fácil. Os que têm tudo querem mais ou não abdicarão facilmente de seus privilégios. Portanto, requer-se uma ação política sustentada e estratégica para construir tantos espaços de poder contra-hegemônicos quantos forem necessários. Isso implica a soma de todas as forças sociais afetadas pelos esquemas de exploração próprios do capitalismo.

Se a luta é de toda a sociedade, já não há espaço para grupos vanguardistas que assumam uma posição de liderança privilegiada. Tampouco é uma tarefa que se resolve exclusivamente no espaço nacional. A conclusão é óbvia: o Bem Viver deve ser construído a partir de todos os âmbitos estratégicos possíveis, começando pelo nível local e regional, certamente sem descuidar do global.

Sem uma sociedade muito mais igualitária e equitativa, é impossível que funcionem adequadamente a economia e os mercados. Inclusive, será impossível construir a democracia. Sem equidades, tampouco se poderá corrigir o rumo da destruição ambiental. A desigualdade sistematicamente falseia e até frustra a própria liberdade de escolha, seja no campo econômico ou político. Por isso, é preciso reformular as relações de poder entre o Estado e os cidadãos para que sejam estes os autênticos possuidores da soberania: cidadãos e cidadãs, como indivíduos, vivendo em comunidade e em harmonia com a Natureza.

Nesta perspectiva, o Bem Viver, enquanto parte inerente de um Estado plurinacional e intercultural, propõe, inclusive, uma nova arquitetura conceitual. Ou seja, se requerem outros conceitos, indicadores e ferramentas que permitam materializar essa nova forma de vida em equilíbrio com todos os indivíduos e coletividades, com a sociedade e a Natureza. Há que deseconomizar os campos em que a lógica econômica tergiversou valores e princípios – por exemplo, todo aquele besteirol sobre "capital humano" ou "capital natural", que considera os seres humanos e a Natureza como suscetíveis de intercâmbios financeiros entre si ou com o capital e, inclusive, como objetos de amortização.

Já dissemos que a ansiada harmonia, em hipótese alguma, pode levar a crer na possibilidade de um futuro paraíso harmonioso. Haverá sempre contradições e tensões nas sociedades humanas e inclusive em seu relacionamento com o entorno natural.

A construção de outra sociedade passa por assumir a "tarefa de criar uma liberdade mais abundante para todos", como sugere Karl Polanyi, sobre as bases de crescentes equidades – meta que não será atingida dentro do sistema capitalista, muito menos no reino das desigualdades proposto pelo neoliberalismo. No entanto, há que impulsionar e apoiar todas aquelas iniciativas inspiradas no Bem Viver que vão construindo outro sentido histórico enquanto realizam ações destinadas a obter imediatamente níveis de vida mais dignos.[56]

Algumas respostas globais para uma crise global

A pedra angular de uma proposta global para impulsionar as transições radica na construção de um Código Financeiro Internacional – ou de códigos regionais, inicialmente. Este, por sua vez, deve garantir que a neutralidade não seja território em referência de um país determinado, por mais influente e neutro que fosse. Um dos capítulos medulares do código será o da legalidade e legitimidade das atividades financeiras.

Uma de suas funções será normatizar o mundo financeiro e, em especial, o endividamento externo, transformado há muito tempo em ferramenta de dominação econômica e inclusive política. É preciso diferenciar as dívidas contraídas legal e legitimamente, que podem ser pagas, daquelas que podem e devem ser impugnadas a partir da doutrina das dívidas odiosas, usurárias e corruptas. Tampouco se pode marginalizar o processamento da dívida ecológica e inclusive da dívida histórica, das quais os países empobrecidos são credores.

Necessita-se o mais rápido possível a criação de um

---

56 Por exemplo, como melhorar as condições de vida das pessoas idosas, aquelas que tiveram uma "vida triste", ou seja, foram "crianças sem infância e são adultos sem descanso", é a proposta concreta que fazem Tortosa-Martínez, Juan; Caus, Nuria; Martínez-Roman, M. Asunción (2014).

Tribunal Internacional de Arbitragem da Dívida Soberana, nos termos propostos pelo economista peruano Oscar Ugarteche e por mim. Um requisito mínimo para colocá-lo em marcha é a imediata dissolução do Clube de Paris como marco de negociação. Este clube não apenas carece de base jurídica, mas deve deixar de ser um espaço de decisão sobre acordos de reestruturação de dívidas, onde os credores impõem condições aos devedores. Há que fechar definitivamente as portas aos especuladores, o que obriga a desaparecer com os paraísos fiscais e introduzir os impostos que forem necessários para as transações financeiras internacionais, como a Taxa Tobin.

Nesta linha de reflexão, parece cada vez mais necessária a criação de um Banco Central Mundial (que não tem nada a ver com Banco Mundial ou Fundo Monetário Internacional) para que ajude inclusive a regular a emissão de uma moeda ou de uma cesta de moedas globais – o que tampouco implica reconstruir o Tratado de Bretton Woods.

Em nível regional, a partir de onde se deveria disputar o sentido histórico das mudanças globais, as propostas afloram com crescente intensidade. Na América Latina, a partir da ideia de formar o Banco do Sul e um fundo de estabilização do Sul, passou--se a pensar em um Sistema Único de Compensação Regional que facilite os fluxos comerciais regionais. Estas iniciativas, que ainda não são uma realidade palpável e potente, uma vez que predominam os discursos em vez das ações concretas, poderiam ser a antessala de um sistema monetário e financeiro regional, com seu próprio código.

No campo ecológico, os temas são igualmente candentes. Apesar dos evidentes problemas provocados pelas mudanças climáticas, exacerbadas pela voracidade capitalista, o sistema busca ampliar espaços de manobra mercantilizando cada vez mais a Natureza, como observa o britânico Larry Lohman. Os mercados de carbono e serviços ambientais são a mais recente fronteira de expansão do capital. Desloca-se a conservação dos bosques ao âmbito dos negócios: mercantiliza-se e privatiza-se o ar, as florestas e a própria Terra. Parece não importar que a serpente capitalista continue devorando sua própria cauda, colocando em risco sua própria existência e a da Humanidade.

O capitalismo, demonstrando seu assombroso e perverso engenho para buscar e encontrar novos espaços de exploração, está colonizando o clima. Este neoliberalismo extremo, do qual não se libertaram os governos "progressistas" da América Latina, converte a capacidade de uso da Mãe Terra em um negócio para reciclar carbono. E – o que é preocupante – a atmosfera é transformada cada vez mais em uma nova mercadoria, projetada, regulada e administrada pelos mesmos atores que provocaram a crise climática e que recebem agora subsídios dos governos por meio de um complexo sistema financeiro e político. Recordemos que este processo de privatização do clima iniciou-se na época neoliberal impulsionado pelo Banco Mundial e pela Organização Mundial do Comércio.

A lógica da "economia verde" é continuísta, e pode ser vista inclusive como um retrocesso a vários elementos conceituais do desenvolvimento sustentável. Não evita a destruição ambiental, apenas posterga a solução dos problemas. Isso garante ao capital novos mecanismos de acumulação enquanto a deterioração ecológica se espalha.

O mercado de carbono, por exemplo, construído como espaço para apontar uma saída aos conflitos provocados pela mudança climática, constitui realmente a possibilidade de fazer negócio com o desastre atmosférico. Por enquanto, as empresas contaminantes e os intermediários estão obtendo lucros milionários sem que haja avanços significativos. Até agora não se sabe quanto CO_2 se reduzirá – se é que realmente haverá redução. Há possibilidade de que se produzam efeitos perversos (*leakages*, na terminologia do Protocolo de Kyoto). Derrubar e queimar uma floresta virgem para cultivar eucalipto, por exemplo, é uma ação que não foi contemplada originalmente no acordo internacional firmado no Japão.

O mercado de carbono voluntário é ainda mais perigoso. Enquanto o Protocolo de Kyoto está de certa maneira regulado internacionalmente, pois fixa uma cota de emissão a um país, e este a suas empresas, o mercado voluntário está crescendo sem nenhum tipo de regulação, o que diminui o capital político para estabelecer limites vinculantes às partes. Ou seja, anula o desenvolvimento de adequadas políticas ambientais, cada vez mais indispensáveis, para enfrentar os crescentes problemas ecológicos.

A questão é que a economia de mercado não inclui em seus cálculos os efeitos da degradação ambiental, e tende a menosprezar os interesses das futuras gerações e os direitos de outras espécies. Existe ainda um grande desconhecimento do valor (que não é o mesmo que preço), ignorando a pluralidade de valores e as complexas funções dos ecossistemas e espécies. Neste contexto, a análise tradicional do custo-benefício não é aplicável, pois tende a não atribuir valor ao que não conhece. Temos à mão análises multicriteriais que nos permitem tomar decisões mais acertadas.

Introduzir serviços ambientais no mercado significaria transferir à sua lógica de funcionamento assimétrico a responsabilidade de definir os aspectos distributivos associados com seus usos. Isso pode gerar um processo de concentração no acesso a estes recursos e, consequentemente, uma perda de soberania para as populações que se utilizam dos ecossistemas.

No concerto internacional, a base da grande transformação obriga um reencontro da Humanidade com a Mãe Terra, a desmercantilização das relações com a Natureza e a plena vigência dos Direitos da Natureza em nível global.

Não se pode menosprezar os temas conjunturais. O mundo deve construir todas as estratégias possíveis que permitam sentar as bases para a mudança, aproveitando inclusive as atuais dificuldades e as relativas fraquezas dos centros de poder mundial. Esta mudança não surgirá se se espera simplesmente que os países desenvolvidos resolvam seus problemas, esquecendo o caráter interdependente e desigual da economia internacional.

9. A iniciativa Yasuní-ITT: a difícil construção da utopia

Os sensatos se adaptam ao mundo em que vivem. Os insensatos pretendem que o mundo se adapte a eles. Portanto, as mudanças se devem aos insensatos.

George Bernard Shaw

O Equador surpreendeu o mundo em 2007, quando propôs deixar no subsolo do Parque Nacional Yasuní, em plena Amazônia, um significativo volume de petróleo. Este projeto, conhecido como Iniciativa Yasuní-ITT, surgido no seio da sociedade civil, não conseguiu consolidar-se nas esferas oficiais devido às inconsistências e contradições do governo equatoriano. Também pesou a insensibilidade dos governos dos países mais poderosos, que não quiseram assumir suas responsabilidades.

Não é verdade que "a iniciativa se adiantou aos tempos e não foi compreendida", como disse o presidente equatoriano ao abandoná-la. Na realidade, quem não compreendeu e não esteve à altura do desafio proposto ao mundo pela sociedade equatoriana foi o próprio presidente da República. Por isso, tampouco é verdade a ladainha de que "o mundo falhou conosco", pois o governo equatoriano não conseguiu estruturar uma potente e coerente estratégia para cristalizar esta utopia.

Uma proposta forjada na resistência

Romper tradições e mitos sempre será uma tarefa complexa. O apelo ao realismo freia as mudanças. Por isso, a ideia de não explorar petróleo nos campos de Ishpingo, Tambococha e Tiputini (ITT) em troca de uma contribuição financeira internacional provocou estupor e muitas resistências em setores do poder. Em um país viciado em petróleo, a proposta de não extraí-lo parecia uma completa insanidade. Nos poderosos círculos petroleiros internacionais, a ideia foi vista com ceticismo e, depois, passou a ser combatida. O mais surpreendente é que esta "loucura" foi angariando adeptos e força na sociedade civil dentro e fora do Equador.

A Iniciativa Yasuní-ITT foi se construindo pouco a pouco nos movimentos sociais muito tempo antes de que fosse adotada pelo presidente equatoriano, no começo de 2007. Esta ideia, apresentada por mim no final de dezembro de 2006 à equipe que venceria as eleições, não tem dono. É uma proposta de construção coletiva. Com certeza, a ideia primigênia de suspender a atividade petrolífera surgiu na cabeça de quem sofria com a ação das companhias petrolíferas na Amazônia.

A resistência das comunidades amazônicas prosperou até materializar-se em uma queixa jurídica de transcendência internacional. É conhecido o "processo do século" conduzido pelas comunidades indígenas e camponesas afetadas pelas atividades petrolíferas da empresa norte-americana Chevron-Texaco no nordeste equatoriano. Este processo, que se iniciou em 1993, independentemente de seu resultado, estabelece um precedente ao colocar no banco dos réus uma das petrolíferas mais poderosas do planeta.[57]

---

57 A longa lista de fraudes e enganos promovidos por Chevron-Texaco está sintetizada em *Alerta Verde – Boletín de Acción Ecológica*, janeiro de 2014, Nº 170. Disponível em <http://goo.gl/fQV3kW>

Em outro lugar da Amazônia, a resistência da comunidade kíchwa de Sarayaku, na província de Pastaza, conseguiu impedir a atividade da argentina Compañía General de Combustibles (CGC) no bloco 23. Foi um grande triunfo, ainda mais considerando que a empresa recebia respaldo armado do Estado. A comunidade, que contou com uma ativa solidariedade internacional, alcançou um histórico pronunciamento da Corte Interamericana de Direitos Humanos, que em julho de 2004 ditou uma série de medidas provisórias a favor do povo indígena de Sarayaku. Na primeira metade de 2007, o governo equatoriano, por meio do Ministério de Energia e Minas, por fim acatou essa resolução. No entanto, pouco tempo depois, voltaram a aparecer ameaças sobre Sarayaku. Na renegociação do contrato do bloco 10, celebrada em novembro de 2010, as autoridades entregaram à empresa italiana Agip – novamente, sem consulta prévia à comunidade – uma porção do bloco 23 que afeta o território de vários povos indígenas amazônicos.[58]

A partir dessa realidade, ao longo do tempo e nutrindo-se de um duro processo de resistência contra a atividade petrolífera, e elaborando alternativas, foi se construindo a tese de uma moratória à extração de petróleo na região centro-sul da Amazônia equatoriana. Essa ideia seria a matriz da Iniciativa Yasuní-ITT.

Formulada em diversos espaços e fóruns, a moratória se traduziu no livro *El Ecuador post-petrolero*, publicado em 2000. Três anos mais tarde, foi apresentada formalmente ao Ministério de Ambiente por várias fundações ecologistas. Pouco antes, em 2001, setores

---

58 Em 25 de junho de 2012, a Corte Interamericana de Direitos Humanos decidiu definitivamente a favor da comunidade de Sarayaku, mas o governo de Rafael Correa não acata a resolução em sua totalidade.

da sociedade civil propuseram um acordo histórico com credores internacionais para suspender os juros da dívida externa equatoriana em troca da conservação da Amazônia – proposta condizente com as queixas da dívida ecológica, em que os países ricos aparecem como devedores.

Em junho de 2005, quando o governo da época havia resolvido explorar o petróleo do Yasuní-ITT, a ONG Oilwatch[59] publicou o documento *Un llamado eco-lógico para la conservación, el clima y los derechos*, apresentando a proposta de deixar a reserva intocada em troca de uma compensação financeira. O texto circulou na primeira reunião do grupo de especialistas sobre áreas protegidas, realizada em Montecatini, Itália. Posteriormente, incorporou-se a tese no livro *Asalto al paraiso: empresas petroleras en areas protegidas*, editado pela mesma organização em 2006.

Todas estas propostas e iniciativas foram preparando terreno para que a tese da moratória petrolífera no centro-sul da Amazônia equatoriana entrasse com força na vida política nacional. Assim, em um momento histórico, em que se consolidaram as longas e complexas lutas surgidas em diversos setores da sociedade, a moratória passou a fazer parte do Plano de Governo 2007-2011 do partido Alianza País. Trata-se de uma das propostas de campanha do primeiro mandato do presidente Rafael Correa. No entanto, a medida seria descartada após a decisão do governo de impulsionar o 11º leilão de blocos de exploração petrolífera na região.[60]

---

59   Oilwatch é uma ONG com presença em vários países do mundo e cujo núcleo duro se encontra no Equador.

60   Diante dos protestos contra a licitação, o governo recrudesceu a criminalização da resistência popular, chegando inclusive a fechar uma organização da sociedade civil chamada Fundación Pachamama.

Os potentes objetivos da Iniciativa Yasuní-ITT

A Iniciativa Yasuní-ITT, independentemente da força dos diferentes argumentos com que se sustentou durante mais de seis anos, tem um objetivo central: não explorar o petróleo de três reservas do ITT ou bloco 43, localizadas dentro do Parque Nacional Yasuní, em seu extremo oriental.

Estas reservas são a Ishpingo, localizada ao sul do bloco (uma parte importante está dentro da zona intangível[61]), o Tambococha, na parte central, e o Tiputini, no extremo norte do bloco, com uma parte fora do parque. O ITT é uma espécie de corredor entre o Yasuní e a zona intangível Cuyabeno-Imuya.[62]

De um grande território contínuo, esta região do nordeste da Amazônia equatoriana passou a constituir-se em uma série de pedaços sobre os quais diferentes atores tiveram e têm controle. O que um dia foi território exclusivo de povos indígenas teve de enfrentar a intervenção de missões religiosas, empresas petrolíferas e também, em menor grau, do Estado.

61 N. do T.: A Constituição equatoriana de 2008 veda atividades extrativistas nas regiões do país declaradas como "zonas intangíveis", salvo por requisição do governo e aprovação do parlamento. De acordo com o artigo 407, "se proíbe a atividade extrativa de recursos não renováveis, incluindo a exploração florestal, nas áreas protegidas e nas zonas declaradas como intangíveis. Excepcionalmente, ditos recursos poderão ser explorados a pedido fundamentado da Presidência da República e prévia declaração de interesse nacional por parte da Assembleia Nacional, que poderá convocar uma consulta popular".

62 Em 29 de janeiro de 1999, o governo do Equador emitiu o Decreto Executivo Nº 551, criando a zona intangível de Cuyabeno-Imuya, e o Decreto Executivo Nº 552, criando a zona intangível Tagaeri-Taromenane.

Em suma, para a configuração atual do território, exerceram papel determinante as igrejas evangélica e católica, os militares, as petrolíferas e outros empreendimentos. Todos esses atores, de diversa maneira e com diversos matizes, deixaram marcas em um território onde viviam e ainda vivem populações indígenas. E grande parte de seus esforços atenderam às demandas do extrativismo – particularmente, o petróleo.

Há que levar em conta que a Amazônia equatoriana foi explorada por décadas. Como consequência desta atividade, os povos indígenas em isolamento voluntário se distanciaram das regiões de exploração, e atualmente se encontram nas últimas zonas de floresta intocada. Em uma área cada vez mais reduzida, que vem perdendo aceleradamente sua verdadeira riqueza – a biodiversidade –, a população indígena se concentrou e cresceu. Isto explica por que cada vez mais se opõe a essas atividades.

Levando em conta esta complexa realidade, a Iniciativa Yasuní-ITT se baseou em quatro pilares:

- Proteger o território e, com isso, a vida dos povos indígenas em isolamento voluntário;
- Conservar uma concentração de biodiversidade inigualável em todo o planeta – a maior registrada pelos cientistas até o momento;
- Cuidar do clima global mantendo represada no subsolo uma significativa quantidade de petróleo, evitando a emissão de 410 milhões de toneladas de CO_2; e
- Dar um primeiro passo, no Equador, para uma transição pós-petrolífera, o que teria um efeito-demonstração em outras latitudes.

Como um quinto pilar, poderíamos assumir a possibilidade de encontrar coletivamente – como Humanidade – respostas concretas aos graves problemas mundiais derivados das mudanças climáticas, provocadas pelo próprio ser humano e exacerbadas especialmente nesta última fase de expansão global do capital.

Ao manter inexploradas as reservas do Yasuní-ITT, o Equador esperava, como contrapartida, uma contribuição financeira da comunidade internacional, que deveria assumir sua responsabilidade compartilhada e diferenciada em função dos muitos níveis de destruição ambiental provocada pelas diversas sociedades no planeta – particularmente, pelas mais opulentas. Não se tratava de uma vulgar compensação para seguir forçando o desenvolvimentismo, como entendeu o governo equatoriano. Esta iniciativa se insere na construção do Bem Viver, que não é uma simples proposta de desenvolvimento alternativo, mas, como já vimos, uma alternativa ao desenvolvimento.

Uma caminhada cheia de contradições

Foi extremamente sinuoso o caminho percorrido pela iniciativa dentro do Equador. No início, a proposta de deixar o petróleo debaixo da floresta, nascida da sociedade civil antes de 2007, foi promovida dentro do governo pelo ministro de Energia e Minas. Sua posição chocou-se com a decisão do presidente-executivo da estatal Petroecuador, que estava empenhado em extrair petróleo do Yasuní-ITT o mais rápido possível.

Este enfrentamento se dirimiu com a intervenção do presidente da República na diretoria da empresa em março de 2007. Ali, propôs como primeira opção deixar o petróleo intocado. Extraí-lo tornou-se um plano B. Desde então, permaneceu latente, com diversos graus de intensidade, a luta entre estas duas opções, que refletem com clareza duas abordagens ao extrativismo e à própria vida.[63]

Em 18 de abril de 2007, o governo, por meio de seu presidente e por iniciativa do Ministério de Energia e Minas, expediu a Política de Proteção aos Povos em Isolamento Voluntário. Em 5 de junho, apresentou-se oficialmente a Iniciativa Yasuní-ITT no palácio presidencial e, em 14 de junho, o ministério definiu o cenário para a ação na Agenda Energética 2007-2011. No documento, ficaram registradas as duas opções em relação ao ITT e explicitados os conteúdos e alcances da iniciativa.[64]

Posteriormente, em uma etapa de contínuos altos e baixos, a iniciativa experimentaria alguns momentos extraordinários e outros de crescente dúvida. O presidente equatoriano, ao apresentar a possibilidade de proteger a Amazônia para evitar um impacto ainda maior sobre o meio ambiente global, colheu aplausos nas Nações Unidas, na Organização dos Países Exportadores de Petróleo, no Fórum Social Mundial e em outras cúpulas internacionais.

Caberia destacar o apoio recebido pela iniciativa na Alemanha. Representantes de todas as frações partidárias

---

63 Neste ponto parece oportuno fazer um esclarecimento sobre a reiterada insistência do governo, depois de 15 de agosto de 2013, em dizer que eu, então ministro de Energia e Minas, havia autorizado a exploração do ITT. Algo totalmente distante da verdade. O acordo para instrumentação da cooperação energética entre Equador e Venezuela, assinado pelos presidentes Rafael Correa e Hugo Chávez em 17 de abril de 2007, tinha o propósito de desenvolver estudos para analisar a viabilidade de vários projetos conjuntos na área do petróleo, gás e eletricidade. Para evitar suspeitas, neste amplo acordo subscreveu-se outro convênio específico sobre o ITT apenas para a realização de um estudo de quantificação e certificação das reservas existentes em tal campo, disponível em <http://goo.gl/LTEcAG>.

64 Villavicencio, Arturo e Acosta, Alberto (orgs.), Agenda Energética 2007-2011, Ministério de Energia e Minas, Quito, 2007. Disponível em <http://goo.gl/XwDEMA>.

do Bundestag, o parlamento alemão, se pronunciaram publicamente, em junho de 2008, a favor da preservação do Yasuní e instaram seu governo a apoiá-la. Esse posicionamento efetivo abriu muitas portas – e foi fundamental. Por isso, surpreendeu muito a decisão do ministro de Desenvolvimento e Cooperação Econômica da Alemanha, Dirk Niebel, que, em setembro de 2010, desistiu de destinar recursos financeiros ao fundo da iniciativa. Isso reduziu as possibilidades de conseguir mais respaldo. Depois das declarações de Niebel, muitos potenciais contribuintes foram tomados pela dúvida.

Em 2010, o governo equatoriano definiu o destino do dinheiro que seria arrecadado internacionalmente: faria parte de um fideicomisso, ou seja, um fundo de capital levantado para não explorar o Yasuní-ITT e que seria supervisionado pelas Nações Unidas. Foram estipuladas cinco finalidades para os recursos: transformação da matriz energética, desenvolvendo o potencial de fontes alternativas disponíveis no país; conservação das áreas protegidas; reflorestamento; desenvolvimento social sustentável, particularmente na Amazônia; e investimentos em pesquisa tecnológica.

Dentro e fora do Equador, a sociedade civil incubou uma discussão interessante, com vários documentos e contribuições que posteriormente alcançariam maior intensidade e profundidade. Paralelamente, porém, continuou-se alentando a possibilidade de extrair ao menos uma parte do petróleo existente no parque. O próprio presidente da República não se cansou de ameaçar com a iminente exploração do Yasuní. Mais que uma ameaça, era uma certeza, demonstrada, por exemplo, com o avanço das atividades extrativistas no bloco 31, vizinho ao ITT, também conhecido como bloco 43. Ademais, documentos difundidos pelo jornal inglês *The Guardian* comprovam que o governo demonstrou interesse em conseguir crédito chinês em troca do petróleo do Yasuní. Outro exemplo da ambiguidade presidencial ocorreu em 2011, com declarações sobre convocar uma consulta popular que decidisse o destino do ITT ainda quando o projeto estava vigente. Essas ações, entre outras, foram fazendo com que a proposta perdesse credibilidade. Assim, a lógica da chantagem e a ausência de uma estratégia política coerente e permanente criaram confusão, temor e desconfiança.

O próprio conceito de "compensação" levou a iniciativa exclusivamente ao âmbito financeiro, marginalizando os demais objetivos políticos e, sobretudo, de direitos, como a proteção da vida dos povos em isolamento voluntário, ou da própria biodiversidade, tal como estabelece a Constituição de 2008.

Este ponto merece uma análise mais detida. Aqui, cabe recuperar a reflexão do ativista boliviano Pablo Solón:

> *A preservação da natureza e dos direitos da Mãe Terra não pode basear-se na expectativa de que o mundo capitalista pagará sua dívida ecológica ou de que a doação virá sem condições nem limitações. Não há dúvida de que isso é correto e justo, dada sua responsabilidade histórica e sua obrigação de reparar o dano. No entanto, a realidade é que nunca seremos capazes de fazer com que os capitalistas paguem até que derrotemos e substituamos o sistema capitalista.*

A Iniciativa Yasuní-ITT aponta nessa direção, pois contribui com a superação do capitalismo e com a transformação do mundo a partir dos Direitos Humanos e dos Direitos da Natureza.

No final de 2008, alterou-se profundamente o sentido da iniciativa, com a aprovação da Constituição de Montecristi. O mandato constitucional é claro em seu artigo 71: "A Natureza ou *Pacha Mama*, onde se reproduz e se realiza a vida, tem direito a que se respeite integralmente sua existência e a manutenção e regeneração de seus ciclos vitais, estrutura, funções e processos evolutivos." Em seu artigo 73, estabelece: "O Estado aplicará medidas de precaução e restrição para as atividades que possam conduzir à extinção de espécies, à destruição de ecossistemas ou à alteração permanente dos ciclos naturais." Além disso, o artigo 57 impede a exploração econômica dos territórios onde se encontrem povos livres e em isolamento voluntário.

Na prática, ignorando as disposições constitucionais, o governo continuou pela trilha financeira. Assim, empantanou-se em cálculos ambiciosos. Ademais, a última comissão negociadora não teve os mesmos peso e perfil das anteriores: encarregada de conduzir as conversações internacionais, Ivonne Baki, ex-embaixadora do Equador em Washington, acabou atuando como a promotora de uma espécie de "Criança Esperança" sem precisão política ou estratégica. Antes de fazer parte do governo Rafael Correa, Baki havia sido defensora dos interesses da companhia petrolífera Chevron-Texaco, promotora do Tratado de Livre Comércio com os Estados Unidos e organizadora do concurso Miss Universo no Equador.[65]

Em 15 de agosto de 2013, o presidente equatoriano enterrou oficialmente a Iniciativa Yasuní-ITT. Muitos dos argumentos esgrimidos dentro e fora do país para impulsionar a iniciativa foram esquecidos ou simplesmente negados. Os povos indígenas em isolamento voluntário "desapareceram" da região. Do dia para a noite, a proteção de uma biodiversidade extremamente frágil passou a ser um detalhe facilmente contornável pelas novas tecnologias. A emissão de CO_2 deixou de

---

65 Disponível em <http://goo.gl/xOOn81>.

ser motivo de preocupação. Os potenciais rendimentos produzidos pelo petróleo mais que duplicaram, ao passar de 7 bilhões para 18,2 bilhões de dólares. Simultaneamente, ofereceu-se à sociedade a esperançosa notícia de que, agora sim, com o petróleo do ITT, o Equador ampliava substancialmente seu horizonte petrolífero e, enfim, poderia erradicar a pobreza.

Limites e possibilidades da compensação econômica

Não é possível esquecer todos os argumentos apresentados em mais de seis anos para não extrair o petróleo do Yasuní. A lista de documentos e ações oficiais é enorme. Bastaria recordar os atos organizados e as gestões realizadas pelas missões diplomáticas equatorianas. Caberia ainda elencar algumas questões a partir dos cálculos sobre os novos rendimentos petrolíferos.

Assumamos como válidas as cifras governamentais sobre os potenciais rendimentos ao explorar o petróleo do ITT: 18,2 bilhões de dólares em valores atualizados, calculados a partir de 40 bilhões de dólares em termos nominais: um montante potencial que deve ser distribuído ao longo do tempo. A extração se estenderá por um período de 22 ou 25 anos. Isso significa que o Estado receberá uma média de 2 bilhões de dólares anuais.

Estes valores, cujos cálculos possuem muitas inconsistências, nos oferecem toda a informação necessária para a adoção de decisões acertadas. Neste tipo de projetos, com muita frequência, são feitas contas incompletas, pois não se incorporam todos os custos econômicos – e menos ainda os socioambientais. Ademais, não existe tecnologia que elimine os riscos para as comunidades em isolamento voluntário ou que possa evitar derramamentos e outros acidentes próprios da atividade petrolífera.[66]

Por outro lado, é uma falácia dizer que, agora sim, se erradicará a pobreza. Levamos mais de 40 anos explorando petróleo e o Equador não se desenvolveu nem erradicou a pobreza. Além disso, o atual governo, à frente do Estado desde 2007, é o que mais recebeu rendimentos em toda a história da República: mais de 180 bilhões de dólares em termos nominais, se se somam as verbas do Orçamento Geral do Estado. Apesar disso, não conseguiu acabar com a pobreza — o que não impede reconhecer que ela foi reduzida de 37% a 27% da população nacional, embora as províncias com maior concentração de povos indígenas, entre elas as amazônicas, mantenham taxas inalteradas de miséria.

A eliminação da pobreza não se obtém somente com investimento social e obras públicas, mas com uma substantiva redistribuição da riqueza — algo que não acontece no Equador, onde se registra uma melhor distribuição das rendas fiscais em termos de equidade, enquanto que, paralelamente, se aprofunda a concentração do capital.

Se se quisesse enfrentar a redistribuição da riqueza, os recursos necessários para erradicar a pobreza estariam assegurados sem que fosse preciso extrair petróleo do Yasuní. Atualmente, a carga tributária sobre as vendas dos 110 grupos mais ricos do país é de 2,9%. Se aumentássemos esta carga em apenas 1,5% poderíamos obter pelo menos 2 bilhões de

---

66 Quando era ministro de Energia e Minas, eu ainda acreditava que haveria alguma tecnologia capaz de minimizar estes riscos. Essa posição foi superada após conhecer em detalhe o processo contra Chevron-Texaco e observar as graves consequências provocadas pela British Petroleum no Golfo do México.

dólares "extras" ao que se prevê arrecadar com a exploração do ITT. Acabar com o subsídio aos combustíveis, que beneficia os mais ricos e não os mais pobres, e que representa cerca de 5 bilhões anuais, seria outra fonte de financiamento. A renegociação dos contratos com as empresas telefônicas renderia muito, uma vez que chegaram a ter ganhos anuais de 38,5% sobre seus patrimônios líquidos. E assim por diante.

Apesar dos cálculos, deve ficar claro que o assunto não é só econômico, mas fundamentalmente ético e político. Tampouco podemos esquecer que existem expressas restrições na legislação nacional e internacional de Direitos Humanos no que se refere à exploração de territórios habitados por populações em isolamento voluntário. E também há que insistir na vigência dos Direitos da Natureza estabelecidos na Constituição.

Diante do fracasso governamental, o povo pediu a palavra

A Iniciativa Yasuní-ITT ganhou muita força dentro do Equador, tanto que hoje existem os que reclamamos, com poderosos argumentos, que é conveniente deixar o petróleo no subsolo mesmo sem receber contribuições financeiras internacionais como contrapartida.

O povo equatoriano pretendeu assumir a tarefa logo depois do fracasso do governo do presidente Rafael Correa. E, para cristalizá-la, um grupo de jovens – o Coletivo Yasunidos – empreendeu a dura tarefa de coletar assinaturas com o objetivo de convocar uma consulta popular sobre a exploração do ITT. Com poucos recursos e sem respaldo efetivo de grupos políticos estabelecidos, os Yasunidos tiveram de enfrentar uma perversa repressão nascida em várias instâncias do Estado. Apresentaram, dentro do prazo, um número 30% superior à quantidade necessária de assinaturas, de acordo com o que estabelece a Constituição: 5% dos eleitores, ou seja, cerca de 580 mil adesões.

Mas esta titânica ação não prosperou devido a uma fraude promovida pelas autoridades do Conselho Nacional Eleitoral, que, em conluio com o governo, bloquearam a consulta anulando massivamente cerca de 400 mil assinaturas. Para tanto, elencaram uma série de argumentos falaciosos e também formalidades que contradizem inclusive a própria Constituição.

Os indiscutíveis êxitos de um projeto ainda inconcluso

Para além do fracasso governamental – provocado pelas incoerências do governo equatoriano, pela insensibilidade das nações mais poderosas e pela voracidade dos interesses petrolíferos –, a Iniciativa Yasuní-ITT nos deixou alguns resultados satisfatórios.

Comecemos por reconhecer que o tema adquiriu relevância nacional e internacional. Ademais, diante da reivindicação cada vez mais aceita de que é necessário reduzir e evitar as emissões de CO_2, esta é uma proposta concreta para deixar de extrair petróleo, protegendo a Natureza.

Para destacar a transcendência desta iniciativa, haveria que acompanhar outras propostas derivadas direta ou indiretamente da ideia de não explorar o ITT

– o que já permitiu cunhar o termo "yasunizar".[67] Onde? Em lugares como o delta do rio Níger, na Nigéria; as Ilhas Lofoten, na Noruega; San Andrés y Providencia, na Colômbia; ou Lanzarote, nas Ilhas Canárias, Espanha. Na França e em outros lugares da Europa se realizam esforços para evitar o *fracking*.

Por último, deixar de explorar o petróleo do Yasuní-ITT – que representa entre 20% e 30% das reservas equatorianas, mas que a Humanidade consumiria em apenas nove dias – permitiria promover o indispensável reencontro dos seres humanos com a Natureza. Isso, ademais, abriria as portas para caminhar rumo a uma transição energética que possibilite superar o uso de combustíveis fósseis, cujos limites biofísicos estão à vista.

Nesta perspectiva, superando visões estreitas e egoístas, espera-se que muitas iniciativas deste tipo floresçam no mundo: a palavra de ordem é criar dois, três, muitos Yasuní.

---

67 Termo utilizado para replicar a Iniciativa Yasuní-ITT, ou seja, deixar o petróleo, carvão ou minerais debaixo da terra. Disponível em <http://goo.gl/PioZiF>.

10. Um debate em movimento

Somos uma sociedade de solidões, que se encontram e desencontram sem reconhecer-se. Eis nosso drama: um mundo organizado para o desvínculo, onde o outro é sempre uma ameaça e nunca uma promessa.
Eduardo Galeano

O pensamento dominante próprio da globalização capitalista nos conduz a pensar que é impossível imaginar uma economia que não propugne o crescimento econômico. Na mesma perspectiva das visões dominantes, entre as quais aparecem as leituras de governos "progressistas", é impensável um mundo sem petróleo, mineração ou agronegócio.

A realidade, no entanto, nos diz que essa é a grande tarefa do momento. Por um lado, é cada vez mais urgente transitar do extrativismo centrado nas demandas do capital a uma visão que priorize a vida em sua mais ampla expressão e que viabilize a construção de sociedades em que se possa viver dignamente. Por outro lado, é preciso reelaborar a questão do crescimento econômico para libertar-se das limitações que podem provocar uma derrocada socioambiental mundial de consequências imprevisíveis.

Esta tarefa põe à prova toda a capacidade de pensamento crítico, assim como a capacidade de invenção e criatividade das sociedades, dos Estados e, certamente, das organizações sociais e políticas. Interditar esse debate é interditar a democracia.

O crescimento econômico, um caminho sem saída

Ao mesmo tempo, é urgente analisar o que representa a economia e a própria sociedade do crescimento. Na atualidade, multiplicam-se as queixas por uma economia que propicie não apenas crescimento estacionário, mas decrescimento. Como vimos anteriormente, já são muitos os pensadores no Norte global que demonstraram as limitações do crescimento econômico.

Assim, intensifica-se a construção de alternativas que podem abrir caminho a uma transição para outra forma de organização da produção e da sociedade. Requeremos outra economia para outra civilização – eis o desafio. Este debate está cada vez mais presente nos países industrializados, os maiores responsáveis pela crise ambiental global. Mas também já é motivo de preocupação no Sul.

Os novos motores da economia devem encontrar-se a partir da solidariedade, da reciprocidade, da complementariedade e das harmonias, assim como, certamente, da racionalidade. Neste ponto, as mencionadas perguntas formuladas pelo notável pensador mexicano Enrique Leff são cruciais:

- Como desativar um processo que tem em sua estrutura originária e em seu código genético um motor que o impulsiona a crescer ou morrer?
- Como conduzir esse propósito sem provocar, como consequência, uma recessão econômica com impactos socioambientais de alcance global e planetário?

Isso implica – seguindo as reflexões de Leff – uma estratégia de desconstrução da racionalidade capitalista e de reconstrução de alternativas, para abrir caminho a uma grande transformação que implique a superação do capitalismo. Com o reconhecimento e a valorização de outros saberes e práticas, e com a reinterpretação social da Natureza a partir de imaginários culturais, como o Bem Viver, se poderá construir uma nova racionalidade social, política, econômica e cultural indispensável para a transformação.

É necessário, então, no campo econômico, reorganizar a produção, independizar-se das engrenagens dos mecanismos de mercado – sobretudo do mercado mundial – e restaurar a matéria utilizada para reciclá-la e reordená-la em novos ciclos ecológicos. O mundo precisa também de uma racionalidade ambiental capaz de desconstruir a racionalidade econômica, que construa processos de reapropriação da Natureza e reterritorialização das culturas.

Os limites coloniais do extrativismo

A outra face do pós-crescimento é o pós-extrativismo. Este é um tema que radica mais – porém não exclusivamente – no Sul global.

O extrativismo aparece ainda vigoroso na prática das distintas tendências políticas, não apenas entre as que se identificam com o neoliberalismo, mas também entre as que se distanciam dele. Uma leitura crítica destes discursos e os argumentos com que se sustentam resulta indispensável para elaborar qualquer proposta alternativa. Assim, falar de pós-extrativismo converteu-se em um lugar comum de propostas alternativas particularmente em países que atravessam um intervencionismo cada vez mais brutal das empresas extrativistas reguladas por interesses transnacionais, apoiadas por governos neoliberais ou "progressistas".

É indispensável conhecer o significado e os alcances do extrativismo, suas bases, seus fundamentos, e a própria historicidade de seus elementos. É um esforço complexo, pois se trata de uma prática que leva mais de quinhentos anos como base da economia na América Latina, na África e na Ásia.

É preciso, então, debater as visões extrativistas dos governos neoliberais, assim como as dos governos "progressistas", que na prática aprofundam esta modalidade de acumulação, mas que, pelo menos no discurso, reconhecem a necessidade de uma transição.

Do extrativismo de origem colonial, praticado sem maiores mudanças pelos governos neoliberais, transitou-se a um neoextrativismo que tem alguns pontos recuperáveis, como o maior controle do Estado sobre as atividades extrativistas e a distribuição de seus rendimentos, mas que não se distancia de uma modalidade de acumulação dependente e subdesenvolvedora.

O caminho para abandonar uma economia extrativista, que terá de arrastar por um tempo algumas atividades deste tipo, deve considerar um ponto-chave: o decrescimento planejado do extrativismo. A opção potencializa atividades sustentáveis, que poderiam se dar no âmbito das manufaturas, da agricultura, do turismo e, sobretudo, do conhecimento. Definitivamente, não se deve deteriorar ainda mais a Natureza. O sucesso deste tipo de estratégia para proceder a uma transição social, econômica, cultural e ecológica dependerá de sua coerência e, sobretudo, de seu grau de respaldo e protagonismo social.

Mantendo e, pior ainda, aprofundando o extrativismo,

não se encontrará uma saída para o complexo dilema de sociedades ricas em recursos naturais, mas, ao mesmo tempo, empobrecidas.

Pós-crescimento e pós-extrativismo, um debate compartilhado

Enquanto no Norte global se propõe de maneira séria e responsável o urgente decrescimento econômico, o pós-extrativismo é o caminho a ser seguido pelo Sul global. Agora, quando os limites de sustentabilidade do mundo estão sendo literalmente superados, é indispensável, ademais, construir soluções ambientais. É uma tarefa universal. Insistamos até a exaustão: isso não implica negar as desigualdades e iniquidades sociais. Pelo contrário.

Por um lado, os países empobrecidos e estruturalmente excluídos deverão buscar opções de vida digna e sustentável que não representem a reedição caricaturizada do estilo de vida ocidental. Por outro, os países "desenvolvidos" terão de resolver os crescentes problemas de iniquidade internacional que eles mesmos provocaram. Especialmente, terão de incorporar critérios de suficiência em suas sociedades antes de tentar sustentar, às custas do resto da Humanidade, a lógica da eficiência entendida como acumulação material permanente.

Os países ricos, que também estão convocados a dar respostas urgentes à crescente iniquidade em seu interior, devem mudar seu estilo de vida, que coloca em risco o equilíbrio ecológico mundial, pois, nesta perspectiva, também são subdesenvolvidos ou "mal desenvolvidos". Ao mesmo tempo, devem assumir sua corresponsabilidade para dar espaço a uma restauração global dos danos provocados – ou seja, devem pagar sua dívida ecológica. A crise provocada pela crescente superação dos limites biofísicos da Natureza conduz necessariamente a questionar a institucionalidade e a organização sociopolítica.

Diante destes desafios, aflora com força a necessidade de repensar a sustentabilidade em função da capacidade de uso e resiliência da Natureza. Em outras palavras, a tarefa radica no conhecimento das verdadeiras dimensões da sustentabilidade e em assumir a capacidade da Natureza de suportar perturbações, que não podem subordinar-se às demandas antropocêntricas. Mas isso não é tudo. Esta tarefa demanda uma nova ética para organizar a própria vida. É necessário reconhecer que o desenvolvimento convencional, sustentado no crescimento econômico, nos conduz por um caminho sem saída. Os limites da Natureza, aceleradamente ultrapassados pelos estilos de vida antropocêntricos, particularmente exacerbados pelas demandas de acumulação do capital, são cada vez mais notáveis e insustentáveis.

Como se anotou anteriormente, em vez de manter o divórcio entre a Natureza e o ser humano, há que propiciar seu reencontro: algo assim como tentar juntar o nó górdio que se rompeu pela força de uma concepção de vida predadora e, certamente, intolerável.

Para viabilizar essa transformação civilizatória, uma das tarefas iniciais será a desmercantilização da Natureza como parte de um reencontro consciente com a mesma Natureza. Os objetivos econômicos devem estar subordinados às leis de funcionamento dos sistemas naturais, sem perder de vista o respeito à dignidade humana e procurando assegurar qualidade de vida às pessoas.

Falando claramente e sem rodeios, a economia deve subordinar-se à ecologia. E por uma razão muito simples: a Natureza estabelece os limites e os alcances da sustentabilidade e a capacidade de renovação dos ecossistemas – e delas dependem as atividades produtivas. Ou seja, se se destrói a Natureza, destrói-se a base da própria economia.

A economia deve demolir todo o arcabouço teórico que, segundo José Manuel Naredo, esvaziou de materialidade a noção de produção e separou já por completo o raciocínio econômico do mundo físico, completando assim a ruptura epistemológica que supôs deslocar a ideia de sistema econômico, com seu carrossel de produção e crescimento, ao mero campo do valor.

Isso nos insta a evitar ações que eliminam a diversidade, substituindo-a pela uniformidade que provoca a megamineração ou as monoculturas, por exemplo, pois estas atividades, como reconhece Godofredo Stutzin, "rompem os equilíbrios, produzindo desequilíbrios cada vez maiores".

Por outro lado, se a economia deve subordinar-se às exigências da Terra, o capital tem de estar submetido às demandas da sociedade humana – que não apenas é parte da Natureza, mas é Natureza. Daí, será preciso abrir espaço a esquemas de profunda redistribuição da riqueza e do poder, assim como à construção de sociedades fundamentadas em equidades, no plural. Não apenas está em jogo a superação efetiva do conceito de "raça" enquanto elemento configurador das sociedades dependentes, onde o racismo é uma de suas manifestações mais cruas: é tarefa fundamental e urgente a superação do patriarcado e do machismo.

A partir desta perspectiva, há que consolidar e ampliar a vigência dos Direitos Humanos e dos Direitos da Natureza, vistos como ponto de partida para a construção democrática de sociedades democráticas, assegurando uma maior e efetiva participação cidadã e comunitária. Escrever essa mudança histórica, ou seja, a passagem de uma concepção antropocêntrica a uma sociobiocêntrica, assim como a superação de uma economia inspirada no crescimento e na acumulação do capital, é o maior desafio da Humanidade, se é que não se deseja colocar em risco a própria existência do ser humano sobre a terra.

Uma oportunidade para imaginar outros mundos

No Equador e na Bolívia existem cada vez mais dificuldades para cumprir com o princípio constitucional do *Buen Vivir* ou *Vivir Bien*. Seus governos transitam por uma trilha neodesenvolvimentista, essencialmente neoextrativista, apegada à mesma lógica de acumulação capitalista.

O extrativismo não pode ser um caminho ao Bem Viver. Violências de todo tipo se configuram como um elemento consubstancial do extrativismo, um modelo predador por excelência. A lista de seus crimes é muito longa. Mas, sobretudo, a modalidade de acumulação extrativista exerce uma violência extrema contra a Natureza e a própria sociedade.

A construção do Bem Viver, que é a meta que deve inspirar o pós-extrativismo, tem de ser assumida como uma alternativa ao desenvolvimento. Mais que isso, o Bem Viver não só critica como combate o desenvolvimento. Muitas das críticas às teorias e práticas do desenvolvimento – temos visto ao longo das últimas décadas – propuseram outros tipos de desenvolvimento que não questionam sua essência.

Não se pode fazer uma crítica ao desenvolvimento sem cair em sua repetição. Polemizando com os argumentos e os conceitos próprios do desenvolvimento não se mudará os fundamentos que possibilitam sua existência. É indispensável retirar do desenvolvimento as condições e as razões que facilitaram sua difusão massiva e sua – inútil – perseguição por quase toda a Humanidade.

Apesar destes questionamentos básicos, o Bem Viver terá de ser construído ou reconstruído a partir da realidade atual do desenvolvimento. Ou seja, sairemos do desenvolvimento arrastando suas correntes, sempre e quando haja coerência entre atitudes e propostas.

A real contribuição do Bem Viver está na criação de possibilidades de diálogo, abrindo as portas a um enorme mapa de reflexões destinado a subverter a ordem conceitual imperante. Uma de suas maiores contribuições poderia estar na construção coletiva de pontes entre os conhecimentos ancestrais e modernos, assumindo, a todo instante, que a construção de conhecimento é fruto de um processo social. Para obtê-lo, nada melhor que um debate franco e respeitoso. Debate que ainda precisa ser realizado.

O que interessa é superar as distâncias que existem entre discurso e prática – e que, além disso, são óbvias. Em uma margem do caminho aparece um conceito, em pleno processo de reconstrução, que se extrai do saber ancestral, olhando muito para o passado. Na outra margem do mesmo caminho, o mesmo conceito, também em reconstrução e, inclusive, em construção, é assumido com as vistas apontadas ao futuro. Talvez o diálogo consista em que os do passado mirem um pouco mais para o futuro (e para o presente), e os do futuro tragam uma visão menos idealizada do passado.

Superar as visões dominantes e construir novas opções de vida levará tempo. Teremos de fazê-lo durante a caminhada, reaprendendo e aprendendo a aprender simultaneamente. Isso exige grande dose de constância, vontade e humildade.

O Bem Viver, em suma, apresenta-se como uma oportunidade para construir coletivamente uma nova forma de vida, que parte de um "epistemicídio" do conceito de desenvolvimento. Boaventura de Sousa Santos nos recorda repetidas vezes em seus trabalhos "o assassinato" de outros conhecimentos desprezados pelo conhecimento hegemônico ocidental, que hoje ganhariam força com as propostas do Bem Viver, ao mesmo tempo em que, como já dissemos mais de uma vez, desmontam os conceitos de progresso em sua vertente produtivista e do desenvolvimento enquanto direção única, sobretudo em sua visão mecanicista de crescimento econômico.

A superação do conceito dominante do desenvolvimento constitui um passo qualitativo importante. Esta proposta, sempre que seja assumida ativamente pela sociedade, enquanto acolhe as propostas dos povos e nacionalidades, assim como de amplos segmentos da população e de diversas regiões do planeta, pode projetar-se com força nos debates mundiais, indispensáveis para processar a Grande Transformação.

O Bem Viver aceita e apoia maneiras distintas de viver, valorizando a diversidade cultural, a interculturalidade, a plurinacionalidade e o pluralismo político. Diversidade que não justifica nem tolera a destruição da Natureza, tampouco a exploração dos seres humanos, nem a existência de grupos privilegiados às custas do trabalho e sacrifício de outros.

O Bem Viver será para todos e todas. Ou não será.

O Bem Viver como horizonte estratégico
Gerhard Dilger

Vivemos uma crise global e múltipla de enormes proporções – política, social, econômica, ecológica, ideológica e ética. O crime ecossocial no Vale do Rio Doce, em novembro de 2015, perpetrado por mineradoras transnacionais com a cumplicidade e omissão de instâncias estatais nacionais e regionais, numa aliança típica dos nossos tempos, tornou-se a advertência mais dramática da podridão do sistema capitalista predador que determina nossas vidas.

Depois de alguns anos de relativo otimismo no Brasil e na América do Sul, fica evidente mais do que nunca que as sociedades do Norte e do Sul globais estão irremediavelmente interligadas e precisam de profundas transformações políticas e ecológicas – muito além do acordo climático de Paris que, mesmo sendo uma resposta insuficiente às múltiplas pressões dos movimentos pela justiça climática, poderia significar um passo na direção correta.

Na América do Sul, saltam à vista as limitações dos governos "progressistas" que, fortalecendo o papel do

Estado na economia, avançaram numa distribuição mais equitativa da renda das *commodities* sem, no entanto, questionar mais profundamente o conceito hegemônico de "desenvolvimento", vaca sagrada até para grande parte da esquerda mundial. Essas limitações, nos anos iniciais das "revoluções" democráticas na Venezuela, Bolívia e Equador, e das vitórias eleitorais de candidatos de centro-esquerda no Brasil, Argentina, Uruguai, Chile, Paraguai e Peru, não eram descartadas por observadores mais prudentes.

Essa onda vermelho-rosada, surgida graças à ação dos movimentos sociais, conseguiu enterrar o projeto imperialista da Alca, em 2005, e deu um apoio vital em momentos críticos aos presidentes Evo Morales, em 2008, e Rafael Correa, em 2009. Mas alimentava esperanças de transformações mais profundas e duradouras. E, *last but not least*, tinha como bandeira ecossocial visionária o projeto Yasuní-ITT, abortado por uma aliança interesseira de partidários do crescimento a qualquer preço na Alemanha, no Equador e na China.

Por que nós, integrantes da Fundação Rosa Luxemburgo no Brasil, consideramos que o Bem Viver pode ser um horizonte útil para pensar melhor as nossas atividades? Como fica bem claro no livro de Alberto Acosta, o Bem Viver é um conceito aberto, de origem latino-americana, que se está constituindo em um aporte genuíno ao debate da esquerda mundial do século 21. Ao mesmo tempo, dentro da esquerda neoclássica que, no Brasil, continua dominando o discurso daqueles e daquelas que estão aspirando a construir uma sociedade nova, social e ecológica, até anticapitalista, as resistências aos paradigmas pós-desenvolvimentistas como o Bem Viver ou o decrescimento continuam sendo consideráveis – apesar de o Bem Viver, desde o Fórum Social Mundial de Belém, em 2009, vir ganhando mais adesões.

Desde 2011, o Grupo Permanente de Trabalho sobre

Alternativas ao Desenvolvimento, constituído pela Fundação Rosa Luxemburgo dos Países Andinos, com a participação de intelectuais como Alberto Acosta, Maristella Svampa (Argentina), Mario Rodríguez (Bolívia), Camila Moreno (Brasil), Eduardo Gudynas (Uruguai) e Edgardo Lander (Venezuela), vem trilhando caminhos nessa direção.

Quatro livros já foram publicados em espanhol: *Más allá del desarrollo*, em 2011, *Alternativas al capitalismo/colonialismo del siglo XXI*, em 2013, *¿Cómo transformar? Instituciones y cambio social en América Latina y Europa*, em 2015, e *La osadía de lo nuevo: Alternativas de política económica*, em 2015. Em 2016, as editoras Autonomia Literária e Elefante e a Fundação Rosa Luxemburgo lançarão uma versão atualizada de *Más allá del desarrollo* em português.

O trabalho do escritório regional Brasil/Cone Sul está inserido nesses contextos políticos e institucionais. O nosso programa trienal (2015-2017) leva o título "O Bem Viver no Brasil e no Cone Sul: direitos humanos e transformação ecossocial". Na visão de um ecossocialismo libertário e democrático, que tem como uma de suas precursoras mais lúcidas Rosa Luxemburgo (1871-1919), pretendemos ajudar a abrir e qualificar o debate.

O Bem Viver, do nosso companheiro e amigo Alberto Acosta, na belíssima tradução de Tadeu Breda, é, nesse sentido, uma contribuição bem-vinda, necessária e urgente.

Gerhard Dilger é diretor do escritório regional Brasil/Cone Sul da Fundação Rosa Luxemburgo.

Bibliografia

ACOSTA, Alberto. "Die Rechte der Natur – Für eine zivilisatorische Wende", em Rivera, Manuel & Töpfer, Klaus (Orgs.). *Nachhaltige Entwiklung in einer pluralen Moderne – Lateinamerikanische Perspektiven*. Mattthes & Seitz. Berlim, 2013.

_____. "Otra economía para otra civilización", Revista *Temas*, N° 75: 21-27. Cuba, julho-setembro de 2013.

_____. "Los Derechos de la Naturaleza – Una lectura sobre el derecho a la existencia", em Acosta, Alberto & MARTÍNEZ, Esperanza (Orgs.). *La Naturaleza con Derechos – De la filosofía a la política*, Abya-Yala. Quito, 2011.

_____. "El Buen Vivir en el camino del post-desarrollo – Una lectura desde la Constitución de Montecristi". *Policy Paper* N° 9, Fundação Friedrich Ebert, 2010. Disponível em <http://library.fes.de/pdf–files/bueros/quito/07671.pdf>

_____. "El Buen Vivir, una utopía por (re)construir", *Revista Casa de las Américas*, N° 257. Havana, 2010.

_____. *La maldición de la abundancia*. CEP, Swissaid e Abya-Yala. Quito, 2009.

_____. *Bitácora Constituyente*. Abya Yala. Quito, 2008.

_____. *Desarrollo Glocal – Con la Amazonía en la mira*, Corporación Editora Nacional. Quito, 2005.

_____. "Nuevos enfoques para la teoría del desarrollo". posfácio de Reinhold E. Thiel (Org.). *Teoría del desarrollo: Nuevos enfoques y problemas*. Editorial Nueva Sociedad. Caracas, 2001.

ACOSTA, Alberto & MARTÍNEZ, Esperanza (Orgs.). *La Naturaleza con derechos – De la filosofía a la política*. Abya-Yala. Quito, 2011.

_____. *Soberanías*. Abya-Yala. Quito, 2010.

_____. *El Buen Vivir – Una vía para el desarrollo*. Abya-Yala. Quito, 2009.

_____. *Plurinacionalidad – Democracia en la diversidad*. Abya-Yala. Quito, 2009.

_____. *Derechos de la Naturaleza – el futuro es ahora*. Abya-Yala. Quito, 2009.

ACOSTA, Alberto; GUDYNAS, Eduardo; MARTÍNEZ, Esperanza & VOGEL, Joseph. "Dejar el crudo en tierra o la búsqueda del paraíso perdido – Elementos para una propuesta política y económica para la iniciativa de no explotación del crudo del ITT". *Polis Revista de la Universidad Bolivariana*, volume 8, n° 23: 429-452. Santiago do Chile, 2009. Disponível em <http://goo.gl/2IWn2P>.

ACOSTA, Alberto & ROSALES, Mario. "Elementos para un desarrollo alternativo-Aportes para la discusión", em *Ecuador: El mito del desarrollo*. Editorial El Conejo e ILDIS. Quito, 1982.

ALTVATER, Elmar. "La ecología de la economía global", em *La Globalización: La euforia llegó a su fin*. Foros Ecología y Política N° 2. Abya-Yala. Quito, 2004.

ALBO, Xavier. "Suma qamaña = el buen convivir". *Revista Obets*. Alicante, 2009.

ALIMONDA, Héctor. "Desarrollo, post-desarrollo y 'buen vivir': reflexiones a partir de la experiencia ecuatoriana", em *Crítica y emancipación*, Ano IV N° 7. CLACSO, 2012. Disponível em <http://bibliotecavirtual.CLACSO.org.ar/CLACSO/se/20120605025226/CyE7.pdf>.

AMIN, Samir. "Maldevelopment – anatomy of a global failure". United Nations University, 1990. Disponível em <http://goo.gl/1apS74>.

APARICIO WILHELMI, Marco. "El constitucionalismo de la crisis ecológica – Derechos y Naturaleza en las Constituciones de Ecuador y Bolivia". Universitat de Girona, 2012.

ÁVILA SANTAMARÍA, Ramiro. "El neo-constitucionalismo transformador – El Estado y el derecho en la Constitución de 2008", em ACOSTA, Alberto & MARTÍNEZ, Esperanza (orgs.). *La naturaleza con derechos*. Abya Yala. Quito, 2011.

ALAYZA, Alejandra & GUDYNAS, Eduardo (orgs.). *Transiciones, postextractivismo y alternativas al extractivismo en el Perú*. Red Peruana por una Globalización con Equidad y Centro Latinoamericano de Ecología Social. Lima, 2011.

BAIROCH, Paul. *Economics and World History*. University of Chicago Press. Chicago, 1995.

BECKER, Egon. "La transformación ecológica-social – Notas para una ecología política sostenible", em Reinhold E. Thiel (org.). *Teoría del desarrollo – nuevos enfoques y problemas*. Editorial Nueva Sociedad. Caracas, 2001.

BENDER, Harald; BERNHOLT, Norbert & WINKELMANN, Bernd. *Kapitalismus und dann? Systemwandel und Perspektiven gesellschaftlicher Transformation*. Akademie Solidarisch Ökonomie (Hrsg.). Oekom. Munique, 2012.

BERISTAIN, Carlos Martin. *El derecho a la reparación en los conflictos socioambientales – experiencias, aprendizajes y desafíos prácticos*. Hegoa. Bilbao, 2010.

BERISTAIN, Carlos Martín; ROVIRA, Darío Páez & FERNÁNDEZ, Itziar. *Las Palabras de la selva – Estudio psicosocial del impacto de las explotaciones petroleras de Texaco en las comunidades amazónicas de Ecuador*. Hegoa. Bilbao, 2010.

BERMAN, Morris. *El Reencantamiento del Mundo*. Cuatro Vientos. Santiago, 1987.

BOFF, Leonardo. "La Madre Tierra, sujeto de dignidad y de derechos". *América Latina en Movimiento*, n°479: 3. Quito, 2012.

BRAND, Ulrich. *Post-Neoliberalismus? Aktuelle Konflikte Gegen–hegemoniale Strategien*. VSA Verlag. Hamburg, 2011.

BRANDT, Willy. *North–South: a programme for survival. Report of the Independent Comission on International Issues*. The MIT Press. Cambridge, 1980.

BRAUDEL, Fernand. *La dinámica del capitalismo*. Alianza Editorial. Madrid, 1985.

BRETÓN, Víctor (org.). *Saturno devora a sus hijos – miradas críticas sobre el desarrollo y sus promesas*. Icaria. Barcelona, 2010.

CECEÑA, Ana Esther. "Dominar la naturaleza o vivir bien: disyuntiva sistémica". Observatório Latinoamericano de Geopolítica. México, 2011. Disponível em <http://goo.gl/PTR6u8>.

CHANG, Ha-Joon. *Kicking Away the Ladder – Development Strategy in Historical Perspective*. Anthem Press. Londres, 2002.

CHOQUE QUISPE, Maria Eugenia. *La historia del movimiento indígena en la búsqueda del Suma Qamaña (Vivir Bien)*. International Expert Group Meeting on the Millennium Development Goals, Indigenous Participation and Good Governance. United Nations. New York, 2006.

CONFEDERACIÓN DE NACIONALIDADES INDÍGENAS DEL ECUADOR. *Propuesta de la Conaie frente a la Asamblea Constituyente. Principios y lineamientos para la nueva Constitución del Ecuador, por un Estado Plurinacional, Unitario, Soberano, Incluyente, Equitativo y Laico*. Quito, 2007.

CONSEJO DE DESARROLLO DE LAS NACIONALIDADES Y PUEBLOS DE ECUADOR. *Sumak Kawsay – Buen Vivir*. Série Diálogo de Saberes. Quito, 2011.

CORAGGIO, José Luis. "Economía social y solidaria – El trabajo antes que el capital", em ACOSTA, Alberto & MARTÍNEZ, Esperanza (orgs.). Série Debate Constituyente. Abya-Yala. Quito, 2011.

_____. *Conocimiento y políticas públicas en economía social y solidaria*. IAEN. Quito, 2012.

CORTEZ, David. "Genealogía del 'buen vivir' en la nueva Constitución ecuatoriana", em *Gutes Leben als humanisiertes Leben. Vorstellungen vom guten Leben in den Kulturen und ihre Bedeutung für Politik und Gesellschaft heute*. Dokumentation des VIII. Internationalen Kongresses für Interkulturelle Philosophie. Raúl Fornet-Betancourt (org.). Aachen: Wissenschaftsverlag Main, 2010.

CORTEZ, David & WAGNER, Heike. "Zur Genealogie des indigenen 'guten Lebens' (sumak kawsay) in Ecuador", em BERGER, Leo Gabriel Herbert (org.). *Lateinamerikas Demokratien im Umbruch*. Mandelbaum Verlag. Viena, 2010.

DALY, Herman E. (org.). *Economía, ecología, ética – ensayos hacia una economía en estado estacionario*. Fondo de Cultura Económica. México, 1989.

CULLINAN, Cormac. *Wild Law: a manifesto for earth justice*. África do Sul, 2003.

DE ACUÑA, Cristóbal. *Descubrimiento del Amazonas*. Emecé Editores. Buenos Aires, 1942

DE LA TORRE, Luz Maria & PERALTA, Carlos Sandoval. *La reciprocidad en el Mundo Andino*. Abya-Yala. Quito, 2004.

DE MARZO, Giuseppe. *Buen Vivir – para una democracia de la Tierra*. Plural Editorial. La Paz, 2010.

DE SEBASTIÁN, Luis. *El rey desnudo – cuatro verdades sobre el mercado*. Editorial Trotta. Madrid, 1999.

DIAMOND, Jared. *El mundo hasta ayer. ¿Qué podemos aprender de las sociedades tradicionales?* Editorial Arte. Caracas, 2013.

_____. *Colapso: por qué unas sociedades perduran y otras desaparecen*. Debate. Barcelona, 2006.

ECHEVERRÍA, Bolívar. *Modernidad y Blanquitud*. Editorial ERA. México, 2010.

EQUADOR. Secretaría Nacional de Planificación y Desarrollo. *Buen Vivir Plan Nacional 2013-2017*. Quito, 2013.

ESCOBAR, Arturo. *Una minga para el postdesarrollo – lugar, medio ambiente y movimientos sociales en las transformaciones globales*. Programa Democracia y Transformación Global, Unidad de Postgrado, Fondo Editorial de la Facultad de Ciencias Sociales, Universidad Nacional Mayor de San Marcos. Lima, 2010.

_____. "América Latina en una encrucijada: ¿modernizaciones alternativas, posliberalismo o posdesarrollo?", em BRETÓN, Víctor (org.). Saturno devora a sus hijos – Miradas críticas sobre el desarrollo y sus promesas. Icaria. Barcelona, 2010.

_____. "Visualización de una era post–desarrollo", em *La invención del Tercer Mundo – Construcción y deconstrucción del desarrollo*. Fundación Editorial El Perro y la Rana. Caracas, 2007.

_____. *La invención del Tercer Mundo – Construcción y desconstrucción del desarrollo*. Fundación Editorial El Perro y la Rana. Caracas, 2007.

_____. "El 'postdesarrollo' como concepto y práctica social", em MATO, Daniel (org.). *Políticas de economía, ambiente y sociedad en tiempos de globalización*. Facultad de Ciencias Económicas y Sociales, Universidad Central de Venezuela. Caracas, 2005.

ESTERMANN, Josef. "Ecosofía andina – un paradigma alternativo de convivencia cósmica y de vida plena", em GUDYNAS, Eduardo. *Bifurcación del Buen Vivir y el sumak kawsay*. Ediciones Sumak. Quito, 2014.

ESTEVA, Gustavo. "Los quehaceres del día", em MASSUH, Gabriela. *Renunciar al bien común – Extractivismo y (pos)desarrollo en América Latina*. Mardulce. Buenos Aires, 2012.

FALCONÍ, Fander & VALLEJO, María Cristina. "Transiciones socioecológicas en la región andina". *Revista Iberoamericana de Economía Ecológica* Vol. 18, 2012.

FELBER, Christian. *Geld – Die neuen Spielregeln*. Deuticke. Viena, 2014.

_____. *Gemeinwohl – Ökonomie – Eine demokratische Alternative wächst*. Deuticke. Viena, 2012.

FLORES GALINDO, Alberto. *Reencontremos la dimensión utópica*. Instituto de Apoyo Agrario y El Caballo Rojo. Lima, 1989.

FRANK, André Gunder. *El subdesarrollo del subdesarrollo – un ensayo autobiográfico*. Editorial Nueva Sociedad. Caracas, 1991.

_____. "El desarrollo del subdesarrollo. El nuevo rostro del capitalismo". *Monthly Review Selecciones*, N° 4. 1966.

FURTADO, Celso. *El desarrollo económico, un mito.* Siglo XXI. México, 1974.

GALEANO, Eduardo. "La Naturaleza no es muda". *Brecha*, Montevideo, 18 de abril de 2008.

GANDHI, M. K. *Svadeeshi – artesanía no violenta.* Instituto Andino de Artes Populares. Quito, 1990.

GARZÓN ORELLANA, Fernando & GARZÓN ROSERO, Juan Sebastián. *Codificación de la doctrina constitucional de Ecuador sobre los Derechos de la Naturaleza.* Outubro de 2009.

GEORGESCU-ROEGEN, Nicholas. "La ley de la entropía y el problema económico", em DALY, Herman E. (org.). *Economía, ecología, ética – ensayos hacia una economía en estado estacionario.* Fondo de Cultura Económica. México, 1989.

GESELL, Silvio. *Die natürliche Wirtschaftsordnung durch Freiland und Freigeld. Selbstverlag.* Les Hauts Geneveys 1916. Colônia, 2003. Disponível em <http://www.florian–seiffert.de/doc/my_nwo.pdf>.

GRIJALVA, Agustín. "Régimen constitucional de Biodiversidad, patrimonio natural y ecosistemas frágiles y recursos naturales renovables", em *Desafíos del Derechos Ambiental Ecuatoriano frente a la Constitución Vigente.* CEDA, Quito, 2010.

GRUPO PERMANENTE DE TRABAJO SOBRE ALTERNATIVAS AL DESARROLLO. *Más allá del desarrollo.* Ediciones Abya Yala e Fundación Rosa Luxemburgo. Quito, 2012. Disponível em <http://goo.gl/4xfaUD>.

GUAMÁN, Julián. "La perspectiva indígena de la equidad, la reciprocidad y la solidaridad como aporte a la construcción de un Nuevo Orden Económico Internacional". Quito, 2007. Disponível em <http://goo.gl/h0YOIP>.

GUDYNAS, Eduardo. "Buen Vivir: sobre secuestros, domesticaciones, rescates y alternativas", em GUDYNAS, Eduardo. *Bifurcación del Buen Vivir y el sumak kawsay.* Ediciones Sumak. Quito, 2014.

_____. "La ecología política del giro biocéntrico en la nueva Constitución del Ecuador". *Revista de Estudios Sociales* Nº 32, Bogotá, 2009.

_____. "El mandato ecológico – Derechos de la naturaleza y políticas ambientales en la nueva Constitución", em ACOSTA, Alberto & MARTÍNEZ, Esperanza (orgs.). Série Debate Constituyente, Abya Yala. Quito, 2009.

GUDYNAS, Eduardo & ACOSTA, Alberto. "La renovación de la crítica al desarrollo y el buen vivir como alternativa". Revista *Utopía y Praxis Latinoamericana, Revista Internacional de Filosofía Iberoamericana y Teoría Social.* Centro de Estudios Sociológicos y Antropológicos (CESA), Facultad de Ciencias Económicas y Sociales, Universidad del Zulia– Venezuela, Año 16. Nº 53. Abril–Junio 2011.

_____. "El buen vivir o la disolución de la idea del progreso", em ROJAS, Mariano (coord.). *La medición del progreso y del bienestar – propuestas desde América Latina.* Foro Consultivo Científico y Tecnológico de México. México, 2011.

GUIMARÃES, Roberto. "Tierra de sombras: Desafíos de la sustentabilidad y del desarrollo territorial y local ante la globalización corporativa".

Globalização, la euforia llegó a su fin. CEP, FLACSO, Ildis, GTZ & Abya-Yala, Quito, 2004. Disponível em <http://goo.gl/0rsYG6>.

HELFRICH, Silke & FUNDACIÓN HEINRICH BÖLL. *Commons – Für eine neue Politik jensetis con Markt und Staat.* Bielefeld, 2012.

HIDALGO FLOR, Francisco & FERNÁNDEZ, Álvaro Márquez (orgs.). *Contrahegemonía y Buen Vivir.* Universidad Central del Ecuador e Universidad de Zulia. Quito, 2012.

HIDALGO-CAPITÁN, Antonio Luis. *El Buen Vivir – la (re) creación del pensamiento del PYDLOS.* Universidad de Cuenca. Equador, 2012.

_____. "Economía política del desarrollo – La construcción retrospectiva de una especialidad académica". *Revista de Economía Mundial* Nº 28. Sociedad de Economía Mundial. Madrid, 2011.

HIDALGO-CAPITÁN, Antonio Luis; GARCÍA, Alejandro Guillén & GUAZHA, Nancy Deleg. *Antología del Pensamiento Indigenista Ecuatoriano sobre Sumak Kawsay.* Universidad de Cuenca y Universidad de Huelva. Equador, 2014.

HOUTART, François. *El camino a la Utopía y el bien común de la Humanidad.* Ruth Casa Editorial. La Paz, 2011.

_____. "El concepto del sumak kawsay (Buen Vivir) y su correspondencia con el bien común de la humanidad". *Revista Ecuador Debate* Nº 84, CAAP. Quito, 2011.

HOUTART, Francois & DAIBER, Birgit (org.). *Un paradigma postcapitalista: el bien común de la Humanidad.* Ruth Casa Editorial. Panamá, 2012.

HUANACUNI MAMANI, Fernando. *Buen Vivir/Vivir Bien. Filosofía, políticas, estrategias y experiencias regionales andinas.* Convenio Andrés Bello, Instituto Internacional de Investigación e Coordinadora Andina de Organizaciones Indígenas. La Paz, 2010.

ILLICH, Iván. *La sociedad desescolarizada.* Joaquín Mortiz. México, 1985.

_____. *La convivencialidad.* Barral Editores S.A. Barcelona, 1973.

_____. *Energía y equidad.* Barral Editores S.A. Barcelona, 1974.

_____. *Némesis médica: la expropiación de la salud.* Barral Editores S.A. Barcelona, 1975.

JACKSON, Tim. *Wohlstand ohne Wachstum – Leben und Wirtschaften in einer endlichen Welt.* Heinrich Böll Stiftung, oekom München, 2014.

JOSEPH, Lawrence E. *Gaia.* Cuatro Vientos Editorial. Santiago do Chile, 1992.

KEYNES, John Maynard. "Autosuficiencia Nacional". *Revista Ecuador Debate* Nº 60, CAAP. Quito, dezembro de 2003. Texto original de 1933.

KLEINHÜCKELKOTTEN, Silke. *Suffizienz oder die Frage nach dem guten Leben. em Wirschaft ohne Wachstum?! – Notwendigkeit und Ansätze einer Wachstumswende.* Institut für Forstökonomie. Uni Freiburg, 2012.

KOWII, Ariruma. "El Sumak Kawsay". Disponível em <www.uasb.edu.ec/ UserFiles/369/File/PDF/.../articulos/Kowii.pdf>.

LANDER, Edgardo. "Hacia otra noción de riqueza", em ACOSTA, Alberto & MARTÍNEZ, Esperanza (orgs.). *El Buen Vivir – una vía para el desarrollo.* Abya-Yala. Quito, 2009.

LATOUCH, Serge. *La apuesta por el decrecimiento – ¿Cómo salir del imaginario dominante?* Icaria, Barcelona, 2008.

LATOUR, Bruno. *Nunca fuimos modernos – ensayo de antropología simétrica.* Siglo XXI Editores. Buenos Aires, 2007.

LEFF, Enrique. "Imaginarios sociales y sustentabilidad", 2010.

_____. "Decrecimiento o deconstrucción de la economía". *Peripecias* n° 117. México, 8 de outubro de 2008.

_____. *Racionalidad Ambiental – la reapropiación social de la naturaleza.* Editorial Siglo XXI. México, 2004.

_____. *Ecología y capital: racionalidad ambiental, democracia participativa y desarrollo sustentable.* Editorial Siglo XXI. México, 1994.

LEIMBACHER, Jörg. *Die Rechte der Natur.* Helbing & Lichtenhahn. Basilea e Frankfurt am Main, 1988.

_____. *Auf dem Weg zu Rechte del Natur – Stan der Dinge und mögliche nächste Scriette.* Berna, 22 de novembro de 2008.

LOHMAN, Larry. *Mercados de carbono – la neoliberalización del clima.* Série Debate Constituyente. Abya-Yala. Quito, 2012.

LOVELOCK, James. *Gaia: implicaciones de la nueva biología.* Editorial Kairós, Barcelona, 1989.

MANCILLA, Felipe. "Ideologías oficiales sobre el medio ambiente en Bolivia y aspectos problemáticos". *Revista Ecuador Debate* N° 84, CAAP. Quito, 2011.

MARTIN, Pamela. *Oil in the soil: the politics of paying to preserve the Amazon.* Rowman & Littlefield Publishers, Inc. Maryland, 2011.

MARTÍNEZ, Esperanza. *La Naturaleza entre la cultura, la biología y el derecho.* Série La Naturaleza con derechos. Instituto de Estudios Ecologistas del Tercer Mundo. Quito, 2014.

_____. *Yasuní – el tortuoso camino de Kioto a Quito.* CEP e Abya-Yala. Quito, 2009.

MARTÍNEZ, Esperanza & ACOSTA, Alberto. *ITT – Yasuní entre el petróleo y la vida.* Abya-Yala. Quito, 2010.

MARTÍNEZ ALIER, Joan. "Hacia un decrecimiento sostenible en las economías ricas". Valencia, 2009.

_____. *La economía ecológica como ecología humana.* Fundación César Manrique. Madrid, 1998.

MARX, Karl. *El Capital*, Tomo III. Editorial Cartago. Buenos Aires, 1956.

_____. *Crítica al Programa de Gotha.* Disponível em <https://www.marxists. org/portugues/marx/1875/gotha>.

_____. *Miseria de la Filosofía.* Paris e Bruxelas, 1846. Disponível em <https://www.marxists.org/espanol/m-e/1847/miseria>.

MEADOWS, Donella; MEADOWS, Dennis & RANDERS, Jorgen. *Los límites del crecimiento.* Fondo de Cultura Económico. México, 1972.

MELLA, Pablo. *Ética del posdesarrollo.* Instituto Filosófico Pedro F. Bonó. Santo Domingo, 2015.

MICHAUX, Jacqueline. "El potencial de la economía de reciprocidad apuntes para la discusión". Disponível em <http://apprentissagesandins.blogspot.com/2011/04/el–potencial–de–la–conomia–de.html>.

MURCIA, Diana. *Un recorrido por el derecho internacional de los derechos humanos, del ambiente y del desarrollo.* Série La Naturaleza con derechos.

Instituto de Estudios Ecologistas del Tercer Mundo. Quito, 2012.

_____. "El Sujeto Naturaleza: Elementos para su comprensión", em ACOSTA, Alberto e MARTÍNEZ, Esperanza. *La Naturaleza con Derechos – de la filosofía a la política*. Série Debate Constituyente. Abya-Yala. Quito, 2009.

MÜLLER, Christa & PAECH, Niko. "Suffizienz und Subsistenz", em *Wirschaft ohne Wachstum?! – Notwendigkeit und Ansätze einer Wachstumswende*. Institut für Forstökonomie, Uni Freiburg, 2012.

NAREDO, José Manuel. *Luces en el laberinto – autobiografía intelectual*. Editorial Catarata. Madrid, 2000.

MATTEI, Ugo. *Bienes Comunes – un manifiesto*. Editorial Trotta. Madri, 2013.

MAX-NEEF, Mandred; ELIZALDE, Antonio & HOPENHAYN, Martín. "Desarrollo a escala humana: una opción para el futuro", em *Development Dialogue*. Número especial, CEPAUR, Fundação Dag Hammarskjold. Santiago, 1986. Disponível em <http://habitat.aq.upm.es/deh/adeh.pdf>.

OILWATCH. "Un llamado eco–lógico para la conservación, el clima y los derechos". Documento de Montecatini. Italia, 2005.

_____. *Asalto al paraíso: empresas petroleras en áreas protegidas*. Quito, 2006.

ORNELAS DELGADO, Jaime. "Volver al desarrollo". *Problemas del Desarrollo – Revista Latinoamericana de Economía*. México, 2012.

OSTROM, Elinor. *El gobierno de los bienes comunes – la evolución de las instituciones de acción colectiva*. Fondo de Cultura Económico. México, 2009.

OVIEDO FREIRE, Atawallpa. "Ruptura de dos paradigmas – Una lectura de la Izquierda desde la Filosofía Tetrádica Andina", em *Bifurcación del Buen Vivir y el sumak kawsay*. Ediciones Sumak. Quito, 2014.

_____. "El posmoderno Buen Vivir y el ancestral sumak kawsay", em *Construyendo el Buen Vivir*. Universidad de Cuenca. Equador, 2012.

_____. *Qué es el sumak kawsay – más allá del socialismo y capitalis*mo. Quito, 2011.

_____. *Caminantes del Arcoiris – el retorno de Wiracocha y las falacias del desarrollo*. Quito, 2008.

OXFAM. *Gobernar para las élites – Secuestro democrático y desigualdad económica*. Oxford, 2014. Disponível em <http://goo.gl/WLrX0k>.

PACARI, Nina. "Prólogo", em SOUSA SANTOS, Boaventura. *Refundación del Estado en América latina – Perspectivas desde una epistemología del Sur*. Abya Yala. Quito, 2010.

PAECH, Niko. *Befreiung vom Überfluss – Auf dem Weg in die Postwachstumsökonomie*. Munique, 2013.

_____. "Suffizienz plus Subssistenz ergibt ökonomische Souveranität", em *Wirschaft ohne Wachstum?! – Notwendigkeit und Ansätze einer Wachstumswende*. Institut für Forstökonomie, Uni Freiburg, 2012.

PAMPUCH, Thomas. *Das Elend der Modernisierung – Die Modernisierung des Elends: Unterentwicklung und Entwicklungspolitik in Lateinamerika*. Institut für Vergleichende Sozialforschung. Berlin, 1982.

PIKETTY, Thomas. *Capital in the Twenty-First Century*. The Belknap Press of Harvard University Press. England, 2014.

POLANYI, Karl. *La gran transformación – los orígenes políticos y económicos de nuestro tiempo*. Fondo de Cultura Económica. México, 1992.

PRADA ALCOREZA, Raúl. *Horizontes pluralistas de la descolonización – Ensayo histórico y político sobre la relación de la crisis y el cambio*, 2012.

_____. "Horizontes del vivir bien". Resumen de la ponencia para LASA. 2012.

_____. "Umbrales y horizontes de la descolonización", em *El Estado – Campo de Lucha*. CLACSO Ediciones, Muela del Diablo Editores, Comuna. La Paz, 2010.

_____. *Subversiones indígenas*. CLACSO Ediciones, Muela del Diablo Editores, Comuna. La Paz, 2008.

POVO EQUATORIANO. Constitución de la República del Ecuador. Montecristi, 2008.

QUIJANO, Aníbal. "Globalización, colonialidad del poder y democracia", em *Tendencias básicas de nuestra época: globalización y democracia*. Instituto de Altos Estudios Diplomáticos Pedro Gual, Ministerio de Relaciones Exteriores. Caracas, 2001.

_____. "El fantasma del desarrollo en América Latina", em ACOSTA, Alberto (org.). *El desarrollo en la globalización – el resto de América Latina*. Nueva Sociedad e ILDIS. Caracas, 2000.

_____. "Des/colonialidad del poder – El horizonte alternativo", em ACOSTA, Alberto & MARTÍNEZ, Esperanza (orgs.). *Plurinacionalidad – Democracia en la diversidad*. Abya-Yala, Quito, 2009.

_____. "¿Bien vivir?: entre el 'desarrollo' y la descolonialidad del poder", em *Revista Ecuador Debate* N° 84, CAAP. Quito, 2011.

RAMÍREZ, René. "Socialismo del sumak kawsay o biosocialismo republicano", em *Los nuevos retos de América Latina – socialismo y sumak kawsay*. Secretaria Nacional de Planificación y Desarrollo. Quito, 2010.

RAHBI, Pierre. *Hacia la sobriedad feliz*. Errata Natrae. Madrid, 2013.

RICARDO, David. *Principios de Economía Política y Tributación*. Fondo de Cultura Económica. Santa Fe de Bogotá, 1997.

RIFKIB, Jeremy. *The Hydrogen Economy*. Penguin. New York, 2012.

ROJAS QUICENO, Guillermo. *Índice de Felicidad y Buen Vivir*. Instituto Internacional del saber. Cali, 2013.

ROMERO REYES, Antonio. "Desarrollo autocentrado de base popular en el Perú y América Latina. Fundamentos del autocentramiento", em *América Latina en Movimiento*. 2009. Disponível em <http://goo.gl/fxEcWO>.

SACHS, Wolfgang (org.). *Diccionario del desarrollo: una guía del conocimiento como poder*. Proyecto Andino de Tecnologías Campesinas. Peru, 1996.

SÁNCHEZ PARGA, José. "Discursos retrovolucionarios: sumak kawsay, derechos de la naturaleza y otros pachamamismos", em *Revista Ecuador Debate* N° 84, CAAP. Quito, 2011.

SANTOS, Boaventura de Sousa. "Refundación del Estado en América latina – Perspectivas desde una epistemología del Sur", em ACOSTA, Alberto & MARTÍNEZ, Esperanza (orgs.). Abya Yala. Quito, 2010.

_____. "Las paradojas de nuestro tiempo y la Plurinacionalidad", em

ACOSTA, Alberto & MARTÍNEZ, Esperanza (orgs.). *Plurinacionalidad – Democracia en la diversidad*. Abya-Yala. Quito, 2009.

_____. *Conocer desde el Sur – para una cultura política emancipatória*. CLACSO Coediciones, CIDES–UMSA plural editores. La Paz, 2008.

SCHMELZER, Matthias & PASSADAKIS, Alexis. *Poswachstum – Krise, ökologische Grenzen und soziale Rechte*. VSA Hamburg, 2011.

SCHULDT, Jürgen. *Desarrollo a escala humana y de la naturaleza*. Universidad del Pacífico. Lima, 2012.

_____. *¿Somos pobres porque somos ricos? Recursos naturales, tecnología y globalización*. Fondo Editorial del Congreso del Perú. Lima, 2005.

_____. *Bonanza Macroeconómica y Malestar Microeconómico*. Fondo Editorial de la Universidad del Pacífico. Lima, 2004.

_____. *Dineros alternativos para el desarrollo local*. Universidad del Pacífico. Lima, 1997.

_____. *Repensando el desarrollo: hacia una concepción alternativa para los países andinos*. CAAP. Quito, 1995.

SCHULDT, Jürgen & ACOSTA, Alberto. "Algunos elementos para repensar el desarrollo – Una lectura para pequeños países", em *El desarrollo en la Globalización*. Editorial Nueva Sociedad. Caracas, 2000.

SEN, Amartya. "Desarrollo: ¿ahora, hacia dónde?". *Revista Investigación Económica*, julho-setembro de 1985.

SHEER, Herman. *Energieautonomie – Eine neue Politik für erneuebare Energien*. Verlag Anjte Kunstmann. Munique, 2005.

_____. *Solare Wirtschaft*. Verlag Anjte Kunstmann. Munique, 1999.

SHIVA, Vandana. "La civilización de la selva", em ACOSTA, Alberto & MARTÍNEZ, Esperanza (orgs.). *Derechos de la Naturaleza – el futuro es ahora*. Abya-Yala. Quito, 2009.

SILVA, José De Souza. *Hacia el "Día Después del Desarrollo". Descolonizar la comunicación y la educación para construir comunidades felices con modos de vida sostenibles*. Asociación Latinoamericana de Educación Radiofónica. Campina Grande, 2011. Disponível em <http://goo.gl/c43DL8>.

SIMBAÑA, Floresmilo. "La Plurinacionalidad en la nueva Constitución", em *Revista La Tendencia*. Quito, 2008.

STEFANONI, Pablo. "¿Y quién no querría 'vivir bien'? Encrucijadas del proceso de cambio boliviano", em *Revista Crítica y Emancipación nº 7*. CLACSO. Buenos Aires, primeiro semestre de 2012.

STENGEL, Oliver. "Suffizienz – Dis Konsumgesellschaft in der ökologischen Krise", em *Wirschaft ohne Wachstum?! – Notwendigkeit und Ansätze einer Wachstumswende*. Institut für Forstökonomie. Universität Freiburg, 2012.

STONE, Christopher. *Should Trees Have Standing?: and other essays on law, morals and the environment*. Oceana Publications, 1996.

STUTZIN, Godofredo. "Un imperativo ecológico Reconocer los Derechos a la Naturaleza". Disponível em <http://www.cipma.cl/RAD/1984–85/1_Stutzin.pdf>.

TAPIA, Luis. *El Estado de derecho como tiranía*. CIDES–UMSA. La Paz, 2011

_____. *Pensando la democracia geopolíticamente*. CIDES–UMSA, La Paz, 2009.

_____. *La coyuntura de la autonomía relativa del Estado*. CIDES–UMSA. La Paz, 2009.

TORTOSA, José María. "Cambios de época en la lógica del 'desarrollo'", em *Revista Ecuador Debate* N° 84. CAAP. Quito, 2011.

_____. "Sobre la necesidad de alternativas", em GUARDIOLA, Jorge; GARCÍA RUBIO, Miguel A. & GONZÁLEZ GÓMEZ, Francisco. *Desarrollo humano: teoría y aplicaciones*. Editorial Comares. Granada, 2011.

_____. *Mal desarrollo y mal vivir – pobreza y violencia escala mundial*, em ACOSTA, Alberto & MARTÍNEZ, Esperanza (orgs.). Série Debate Constituyente. Abya-Yala. Quito, 2011.

_____. *Sumak Kawsay, Suma Kamaña, Buen Vivir*. Fundación Carolina, Madrid, 2009.

_____. *El juego global – maldesarrollo y pobreza en el capitalismo global*. Icaria, Barcelona, 2001.

TORTOSA–MARTÍNEZ, Juan; CAUS, Nuria & MARTÍNEZ–ROMÁN, M. Asunción. "Vida Triste y Buen Vivir según personas adultas mayores en Otavalo, Ecuador", em *Convergencia Revista de Ciencias Sociales*. Universidad Autónoma del Estado de México. Toluca, 2014.

UGARTECHE, Oscar & ACOSTA, Alberto. "A favor de un tribunal internacional de arbitraje de deuda soberana (TIADS)", em *Revista Nueva Sociedad* N° 183. Caracas, 2003.

UNCETA, Koldo. "Crecimiento, decrecimiento y Buen Vivir", em *Construyendo el Buen Vivir*. Universidad de Cuenca. Equador, 2012.

_____. "El buen vivir frente a la globalización", em *Revista Ecuador Debate* N° 84, CAAP. Quito, 2011.

_____. *Desarrollo, subdesarrollo, maldesarrollo y postdesarrollo – Una mirada transdisciplinar sobre el debate y sus implicaciones*. Carta Latinoamericana, CLAES, No 7. 2009.

UNIVERSIDAD INTERCULTURAL AMAWTAY WASI. *Aprender en la sabiduría y el Buen Vivir*. Gráficas AMZA. Quito, 2012.

VACACELA QUISHPE, Rosa C. *Sumac Cusai – vida en armonía*. Instituto Quichua de Biotecnología Sacha Supai. Quito, 2007.

VARIOS AUTORES. *Manifiesto Utopía*. Icaria, Barcelona, 2010.

_____. *Socialismo y sumak kawsay – Los nuevos retos de América Latina*. SENPLADES. Quito, 2010.

_____. *El Ecuador post–petrolero*. Oilwatch, Acción Ecológica & ILDIS. Quito, 2010.

VITERI GUALINGA, Carlos. "Visión indígena del desarrollo en la Amazonía". Quito, 2000.

VEGA CAMACHO, Oscar. "Al sur del Estado", em *El Estado – Campo de lucha*. CIDES–UMSA. La Paz, 2011.

VEGA, Fernando. "Teología de la liberación y Buen Vivir", em *Construyendo el Buen Vivir*. Universidad de Cuenca. Equador, 2012.

VEGA UGALDE, Silvia. "El orden de género en el sumak kawsay y en el suma qamaña – Un vistazo a los debates actuales en Bolivia y Ecuador", em *Revista Íconos 48*. FLACSO. Quito, 2014.

WALLERSTEIN, Immanuel. *El capitalismo histórico*. Siglo XXI. Bogotá, 1988.

WALSH, Catherine. *Interculturalidad, Estado, Sociedad. Luchas (de)coloniales de nuestra época*. Universidad Andina Simón Bolívar e Abya-Yala. Quito, 2009.

WELZER, Harald. *Selbst Denken – Eine Einleitung zum Widerstand*. Fischer. Munique, 2014.

WRAY, Norman. "Los retos del régimen de desarrollo – El buen vivir en la Constitución", em ACOSTA, Alberto & MARTÍNEZ, Esperanza (orgs.). *El Buen Vivir, una vía para el desarrollo*. Abya-Yala. Quito, 2009.

YÉPEZ, Pablo & DE LA TORRE, Stella. "Propuesta de indicadores y procesos para evaluar la afectación a los Derechos de la Naturaleza". 2012.

ZAFFARONI, Raúl Eugenio. "La Pachamama y el humano", em ACOSTA, Alberto & MARTÍNEZ, Esperanza (orgs.). *La Naturaleza con derechos – De la filosofía a la política*. Abya-Yala. Quito, 2011.

ZARUMA Q., Vicente. *Wakanmay (Alimento Sagrado) Perspectiva de la teología india*. Una propuesta desde la cultura Cañari. Abya-Yala. Quito, 2006.

Sobre o autor

Alberto Acosta é político e economista. Nasceu em Quito, capital do Equador, em 1948. Graduou-se em economia na Universidade de Colônia, na Alemanha, onde também se especializou em comércio exterior, marketing, geografia econômica e economia energética. Trabalhou como consultor de diversos organismos equatorianos e internacionais, como a Organización Latinoamericana de Energía e o Instituto Latinoamericano de Investigaciones Sociales. Foi gerente de comércio da Corporación Estatal Petrolera Ecuatoriana. Dedica-se ao estudo da dívida externa do Equador desde 1982. Participou da fundação do Instituto de Estudios Ecologistas del Tercer Mundo e do partido Alianza País, que ascendeu à Presidência da República em janeiro de 2007 com Rafael Correa. No primeiro ano de mandato, Acosta assumiu o Ministério de Energia e Minas por cinco meses. Em novembro foi eleito presidente da Assembleia Constituinte do Equador, cargo a que renunciou menos de um ano depois, em junho de 2008, antes mesmo da aprovação da Carta, devido a divergências com Correa. Os desentendimentos provocaram ainda sua saída da Alianza País. Ajudou a fundar o movimento Montecristi Vive, que reivindica o *Buen Vivir*, os Direitos da Natureza e a plurinacionalidade expressos na Constituição equatoriana. Em 2013, lançou-se como candidato à Presidência da República pela Unidad Plurinacional de las Izquierdas, obtendo escasso apoio popular. É professor da Faculdade Latino-Americana de Ciências Sociais, além de companheiro de luta dos movimentos indígenas, sindicais, camponeses, ecologistas e feministas do Equador. Publicou vários livros, entre eles, *Breve história econômica do Equador* (Funag, 2006) e *La maldición de la abundancia* (Abya-Yala, 2009).

Raoni Maddalena

Esta publicação foi realizada com o apoio da
Fundação Rosa Luxemburgo com fundos do
Ministério Federal para a Cooperação Econômica
e de Desenvolvimento da Alemanha [BMZ].

www.rosaluxspba.org

fontes GT Walsheim & Fournier MT Std
papel Kraft 240 g/m² e Avena 80 g/m²
impressão Graphium
tiragem 1.000 exemplares

[cc] Alberto Acosta, 2016

[cc] Autonomia Literária, 2016

[cc] Editora Elefante, 2016

Você tem a liberdade de compartilhar, copiar, distribuir e transmitir esta obra, desde que cite a autoria e não faça uso comercial.

Primeira edição, janeiro de 2016

Primeira reimpressão, junho de 2016

Segunda reimpressão, março de 2017

Terceira reimpressão, junho de 2018

Impresso no Brasil

Dados Internacionais de Catalogação na Publicação (CIP)
Angélica Ilacqua CRB-8/7057

ACOSTA, Alberto
O bem viver : uma oportunidade para imaginar outros mundos / Alberto Acosta ; tradução de Tadeu Breda.– São Paulo : Autonomia Literária, Elefante, 2016.
264 p.

ISBN 978-85-69536-02-4
Título original: El Buen Vivir – Sumak Kawsay – Una oportunidad para imaginar otros mundos

1. Bem estar social
2. Natureza
3. Direitos humanos
4. Política
5. Movimentos indígenas
6. Movimentos sociais
7. Ecologia
8. Economia
9. América Latina I. Título

16-0016   CDD 361.61

Índices para catálogo sistemático:
1. Políticas sociais

Autonomia Literária

autonomialiteraria.com.br

autonomialiteraria@gmail.com

fb.com/autonomialiteraria

@autonomialiteraria

Editora Elefante

editoraelefante.com.br

editoraelefante@gmail.com

fb.com/editoraelefante

@editoraelefante